Les Recettes des "Belles Perdrix"

Les Recettes
des
"Belles Perdrix"

recueillies par

GABRIELLE REVAL

et

MARIA CROCI

ALBIN MICHEL, ÉDITEUR

PARIS — 22, RUE HUYGHENS, 22 — PARIS

LISTE DES " BELLES PERDRIX "

Mmes DE BROUTELLES.
Judith CLADEL.
Duchesse de CLERMONT-TONNERRE.
Maria CROCI.
Lucie DELARUE-MARDRUS.
Huguette GARNIER.
Marion GILBERT.
Hélène GOSSET.
Lydie LACAZE.
Mlle Yvonne LENOIR.
Mmes Anna LEVERTIN.
Rosita MATZA.
DAFFIS DE MIRECOURT.
Princesse MURAT.
Ève PAUL-MARGUERITTE.
Lucie PAUL-MARGUERITTE.
Gabrielle RÉVAL.
Aurore SAND.
Ida SNAUWART.
Marcelle TINAYRE.
Hélène VALANTIN.
Andrée VIOLLIS.
Blanche VOGT.

HORS-D'ŒUVRE...

,.. Les « Belles Perdrix » que j'ai *vu* naître ou que j'ai *vues* naître, *(grammatici certant et adhuc sub judice lis est !)* me font l'insigne honneur de solliciter, pour ce livre alerte, original et charmant, quelques mots de présentation.

A quoi bon ?

Les *Belles Perdrix* peuvent voler de leurs propres ailes.

Déjà, leur compagnie, si jeune encore, a su construire des nids confortables et élire d'agréables mangeoires sur le territoire de ma principauté de Gastronomie. Déjà elles ont leurs fastes et leurs annales. Et ce recueil, si divers et si vivant, en administre la plus aimable preuve.

Elles ont gentiment et gaîment protesté contre l'exclusivisme intransigeant et, comme disent les politiciens du midi, contre *l'ostracizme* des Clubs de Gourmets, qui s'inspirant d'un antique et illustre exemple, ont exclu les femmes de leurs agapes et de leurs réunions.

... Et elles ont su démontrer le mouvement, en volant.

En quoi, du reste, elles se sont conformées à la plus haute Tradition de la vraie Gastronomie française, qui est l'œuvre des grands cordons bleus tout autant que des grands chefs.

Je suis heureux de trouver ici l'occasion de proclamer, une fois de plus, toute la reconnaissance que doivent les Gourmets à l'admirable collaboration des femmes dans l'œuvre, unique au monde, de la cuisine française.

C'est la probité héréditaire de nos cordons bleus, c'est la délicatesse innée de leur goût qui ont surtout imposé chez nous la Tradition de la cuisine *simple*, de celle qui se fait avec du temps et un peu de génie, de celle dont on a pu dire, comme des humbles travaux du ménage, qu'elle est « une œuvre de choix qui veut beaucoup d'amour. »

Car notre Art français — et la cuisine est une de ses branches ! — est avant tout un art fait de discrétion, de charme, de grâce et de simplicité, un Art qui ne vise jamais à *l'effet*.

Voici quelque trente ans que je parcours la France gastronomique, et je mourrai sans en avoir connu toutes les merveilles culinaires, mais je ne mourrai pas, du moins, sans avoir dit quelles joies délicates et complètes m'ont données nos admirables cordons bleus.

Au hasard du souvenir qu'il me soit permis de saluer Mme Génot, Mme Monteil, Mme Ducotet (de Paris); notre grande Pauline Brazier (de Lyon), Mme Mélanie Rouat (de Riec-sur-Belon); la bonne mère Clémence (de la Chebuette, près de Nantes); Mme Pasquier, d'Angers et son homonyme Mme Pasquier, de Condé, Mme Germaine Larbaudière, d'Ermenonville; Mme Delsaut, de Saint-Léon-sur-Vézère.

Je m'arrête, car cette préface prendrait les dimensions d'un in-octavo ! Et je n'ai cité ici que des cordons bleus qui tiennent des restaurants. Mais dans ce pays qui est, du consentement unanime des peuples, celui du monde où l'on mange le mieux, chacun sait que nulle part on ne mange aussi bien que chez *l'habitant* et que rien ne vaut un repas intime organisé par une maîtresse de maison française, avec le concours de sa brave cuisinière, Joséphine ou Mathurine, Célestine... voire Bécassine, dont le public ignorera toujours les noms, mais qui n'en sont pas moins dans la gastronomie française comme les humbles ouvriers de nos sublimes cathédrales.

Et qu'on me permette ici de revendiquer l'honneur d'avoir créé pour nos charmantes gastronomes de France l'appellation de *gourmettes*. D'aucuns me l'ont reproché ! je n'en ai... *cur !* Mon néologisme a fait son petit bonhomme de chemin.

Et mes chères Belles Perdrix me permettront bien de leur dire que je les mets au premier rang des gourmettes françaises !

J'ai su apprécier, quand elles m'ont fait l'honneur de me convier à leurs agapes, tout le charme, tout l'entrain, toute la gaîté qu'elles savent mettre dans leurs réunions.

Et tout autant que d'être Prince Élu des Gastronomes, je me suis proclamé fier et ravi d'être l'invité des Belles Perdrix !

Cur Ier,
Prince des Gastronomes.

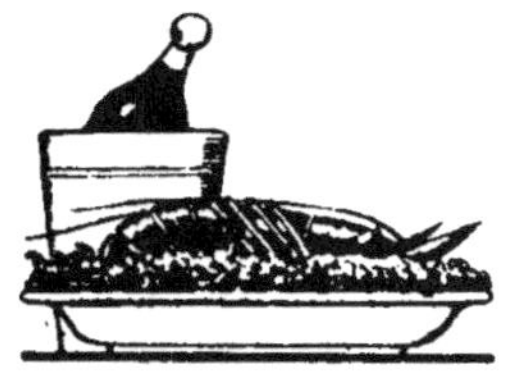

PRÉFACE

Rêveries et propos alternés sur l'amour et l'art de bien manger.

— Enfin, madame, qu'est-ce que veulent les Belles Perdrix? Et d'abord, qui sont-elles?

Plaisante question, posée par une jeune curieuse, qui est là, devant moi, couchée de tout son long sur la margelle de l'admirable piscine de Monaco-beach, tandis que d'autres baigneuses plongent ou fendent à grandes brassées l'eau couleur de saphir. Un furieux coup de soleil dore ces beaux corps de bronze qui, jadis, se voilaient pour défendre leur blancheur nacrée.

Sur la mer, le glisseur emporte une de ces nageuses au cœur intrépide, qui semble une Naïade chevauchant le Dauphin.

— C'est une compagnie de femmes de lettres, qui se réunit chaque mois pour faire un dîner fin. Elles apportent autant d'appétit et de goût naturel à déguster ces menus choisis que les convives du *Grand Perdreau*, ceux des *Cent* ou des *Compagnons de Cocagne*. Vous n'ignorez pas que ces gourmets ont banni les femmes de leur compagnie.

— Les ingrats !

— Vous l'avez dit ! Autrefois, ces mêmes hommes nous ont contesté une âme, les voici qui nous refusent le goût, sans lequel la vie n'a point de saveur !

— Que nous laissent-ils donc?

— Ce qui leur est indispensable, cela va de soi.

La jeune femme se souleva doucement sur la pierre, s'étira et avec un regard d'admiration contempla les beaux jeunes hommes aux épaules en trapèze, à la taille de guêpe, qui jouaient entre deux eaux avec ses compagnes !

Elle soupira :

— L'amour, voilà ce qu'ils nous laissent encore !

— Oui, mais il faut le défendre.

— Sur ce chapitre-là, pas d'exclusion !

Une nymphe, coiffée d'un bonnet cerise, sortait de l'eau et donnait son avis sans y être conviée.

— Je le répète, défendez-le comme votre souverain bien, car ce n'est pas avec vos sports, vos acrobaties, vos diplômes, votre droit de vote, vos mille occupations diverses et vos plaisirs nouveaux que vous remplacerez l'amour qui s'en va.

— Nous le défendons, nous sommes belles !

— Ouais !

— Nous sommes cultivées !

— Ouais !

— Comment, c'est vous qui dites : ouais !

— Ouais ! Ouais ! Ouais ! Je déclare qu'en amour il n'y a que l'instinct qui compte et qu'il lui faut obéir aveuglément !

— Mais les grandes amoureuses, madame, ont été des intellectuelles, vous-même l'avez montré dans votre ouvrage.

— Je n'ai pas dit qu'elles avaient été les plus aimées ! Ce qui m'importe c'est le bonheur des femmes; eh bien, mes enfants, n'en déplaise à vos théories sur l'amour, la femme heureuse ce n'est pas celle qui aime le plus, c'est celle qui se laisse le plus aimer !

Je dois à la vérité de dire que ces paroles furent accueillies par un tolle général; je veux croire que mon auditoire, en dépit des apparences, était composé ce matin-là d'ingénues, car il n'est femme d'expérience qui contesterait un tel axiome.

Je poursuivis avec courage.

— Je crois — et c'est un acte de foi — que l'animalité parfaite assure à la femme cette domination amoureuse qu'elle n'obtiendra jamais par sa seule beauté, son intelligence, et les trésors de son cœur. Mesdames, vous êtes à la belle saison de l'amour, cultivez vos sens, soyez ce qu'il vous plaira, mais soyez d'abord des animaux parfaits ! Car dites-vous bien qu'à la plus belle femme de la terre, à la plus spirituelle, la plus cultivée, à la plus tendre, l'homme préférera une femme laide, si elle sait lui donner, quand il lui plaît, comme il lui plaît, où il lui plaît, tout l'amour !

J'avais devant moi un auditoire déchaîné ! De la piscine sortaient des baigneuses en maillots si courts et si collants qu'elles semblaient vêtues aussi peu que des bêtes, autrement dit, elles apparaissaient nues, sous les couleurs vives que Boucher et Fragonard préféraient, quand ils peignaient leurs nymphes en plein air.

Les unes se tenaient debout, enlacées, le dos au soleil, les cheveux courts; les autres assises, les bras noués sur les genoux repliés, à la façon du scribe égyptien, dressaient les cornes de leurs bonnets pointus.

Mêmes corps, sans relief accusé, même peau dorée, mêmes attitudes libres, même indifférence, la cigarette à la bouche, le cocktail à la main. Y avait-il des sexes différents dans ces joutes égales ? Mystère ! Des siècles sont abolis qui, travaillant pour l'amour, firent la femme toujours différente de l'homme.

Des baigneurs s'approchèrent, nous n'étions plus entre nous, je me tus. Ils s'éloignèrent. Tel est l'attrait irrésistible de l'espace marin qu'il faut vaincre, alors que des femmes sont là, qui demanderaient la caresse d'un regard, d'un doux propos, une promesse pour l'instant qui va suivre !

Je revins à la question.

— Si nous avons fondé les Belles Perdrix, c'est dans le dessein de cultiver le sens le plus délicat et le plus chargé de plaisir, qui est le goût ! Cette culture est à la portée de toutes les femmes, car c'est le sens le moins égoïste, il réclame la collectivité qui multiplie la richesse et la variété de ses sensations. A table ne dit-on pas : plus on est de fous, plus on rit ! Et dans le tête à tête : toi, moi, enfin nous !

— Ce sens merveilleux, continuai-je, voyant que je ne prêchais pas dans le désert, tient en éveil l'appétit par le souvenir, la curiosité, l'espérance. Il n'y a pas d'âge pour la gourmandise, on est hommes et femmes de bouche, de la mamelle à la mort. L'odeur et la saveur ont des vertus vivaces, mais nous ne savons pas les exploiter pour notre bonheur.

La plupart des êtres passent à côté de ce royaume de la volupté sans le percevoir, tant l'habitude éteint les forces magiques qui sont à notre service et dont nous pouvons nous servir à telles fins qui nous plaisent. N'ai-je pas raison? La discipline des repas coupe notre vie en tranches bureaucratiques. L'envie de manger à sa fantaisie ne compte pas, l'habitude est prise dès l'enfance d'emplir son estomac à heure fixe comme un sac à tout !

A ce régime les esprits les plus fins perdent leur grâce et leur finesse au moment qu'ils doivent faire appel à toutes les ressources qu'ils ont en eux. Voyez après de tels repas, les époux en pantoufles, en pèlerines écossaises, souffler au coin du feu, bâiller au lit et se tourner le dos, parce qu'ils n'ont déjà plus rien à se dire.

— Quel tableau !

— Mesdames, ne pensez-vous pas que si l'amour soulevait le rideau de l'alcôve de beaucoup d'entre vous...

— Il s'enfuirait !

— Alors j'aime mieux périr !

— Gardez-vous bien, ma mie ! S'il vous faut périr que ce soit sur le sein de votre amant. « Je meurs » est un mot très doux, qu'il faut dire après avoir pris des forces pour ressusciter dans ses bras !

Elles étaient, autour de moi, dix, vingt jeunes femmes fraîches comme un printemps; leurs yeux étincelaient ou se remplissaient de langueur parce qu'il était encore question de l'amour.

— Si j'étais un moraliste, voici ce que j'enseignerais aux femmes : en amour être belle, fort bien ! Être variée, mieux encore; le plaisir craint la satiété, il exige le changement : il faut être rieuse, folâtre, distraite, coquette, audacieuse, téméraire, craintive, despote, mélancolique, intrépide, récidiviste.

— Quoi, tout cela au commandement ?

— Non pas, mais tout cela avec le secours infaillible de l'art de bien manger ! Alors tout devient facile, les vins allument la gaieté et le désir. La plus laide, la plus sotte est une merveille, dès que l'homme a perdu la tête; des viandes saignantes réconfortent les maris fatigués, les épices excitent leurs esprits animaux. Miracle ! La vie se colore de tous les feux de la volupté. Entre un buveur d'eau et celui qui déguste les vins de France, il y a même différence qu'entre un philosophe morose et le plus charmant des épicuriens; avec celui-ci, mesdames, on ne s'ennuie pas ! Dans la vie conjugale, la sagesse d'une femme est de tout faire pour plaire à son mari, et l'empêcher de regarder la voisine avec envie. Croyez-moi, faites-le bien manger, et pour cela apprenez vous-même à faire la cuisine, à exécuter des recettes choisies. Dans tout mari, il y a un bonhomme Chrysale qui sommeille et se réveillera un beau matin avec ce reproche à la bouche :

— « Je vis de bonne soupe et non de beau langage !»

Prévenez ce réveil en organisant votre maison et votre table avec art et science, en vue du profit amoureux que vous en retirerez. Honni soit qui mal y pense ! Tous les moyens sont sacrés qui rendent les époux fidèles et les femmes désirables !

— Tu as entendu ce qu'a dit la dame? fit la jolie baigneuse au maillot vert. Elle se précipitait au cou de son jeune mari.

— Vivement le menu ! s'écria l'autre, prêt à justifier un si bel axiome.

Gabrielle Réval.

OUVERTURE D'UN GRAND PERDREAU
A LA " BELLE PERDRIX "

Je pense sérieusement que la cuisine est un des Beaux-Arts, et aussi que ce qu'un homme mange et la façon dont il le mange nous renseignent davantage sur sa psychologie qu'une longue conversation où les mots, le plus souvent, mentent ou trahissent.

Un peuple qui se nourrit mal, un homme qui ingurgite n'importe quoi, n'importe où et n'importe comment, barbottent encore, quels que soient d'ailleurs leurs mérites et leurs prétentions, dans la plus dégoûtante barbarie.

Que des humains intelligents et sensibles, issus de nations policées, puissent être réduits aux expédients ou aux restrictions culinaires, conséquemment à des catastrophes individuelles ou collectives, n'infirme en rien notre assertion. La pauvreté, une guerre, une révolution sont d'évidentes déchirures dans le tissu, toujours fragile, de la civilisation. Leurs victimes conscientes savent trop bien qu'une soupente mal aérée, une tranchée militaire, un réfectoire communiste sont des lieux misérables où un bon plat miraculeusement surgi peut seul faire oublier aux malheureux qui s'y trouvent accidentellement condamnés ce que leur condition comporte de dégradante sauvagerie.

A une dame, récemment débarquée d'Amérique et qui affectait de mépriser les Français à cause de l'importance « vraiment ridicule », affirmait-elle, qu'ils attachent à la nourriture et à l'amour, je répliquais, courtoisement mais fermement, que notre goût raffiné des mets et des femmes atteste précisément le haut degré d'une civilisation qui, au lieu de satisfaire bestialement à d'impérieuses nécessités organiques, spiritualise ses appétits eux-mêmes en ajoutant à leur exercice tous les prestiges de la Cuisine, de la Tendresse et de la Volupté.

L'Américaine répliquait :

— Soit ! Je veux bien me régaler de votre cuisine, et, à l'occasion, goûter tout ce que vous vantez ! Mais n'en parlez pas !

— Oh ! madame, répondis-je, les bêtes seules ne parlent pas de ce qu'elles mangent ni de ce qu'elles aiment, et la tristesse de leurs regards nous convainc suffisamment du regret qu'elles en doivent éprouver. Et, aussi, ni leurs menus ni leurs plaisirs n'ont guère varié depuis leur lointaine origine. Tandis que l'homme : tout ce qu'il a mêlé d'idéalisme aux fonctions animales de la nutrition et de la reproduction !... Mais c'est la parole qui crée la bonté et la beauté de toutes ces choses ici-bas ! Sans elle, où en serions-nous encore ? La Bible même vous l'enseigne : au commencement, il y a eu le Verbe, sans quoi rien n'eût été !... D'autre part, les voyageurs nous ont appris que les peuples laconiques mangent mal et que les maris y accomplissent brutalement leurs devoirs conjugaux... Voilà pourquoi, sans doute, beaucoup de dames étrangères aiment tant notre table...

— Il est vrai, repartit la New-Yorkaise, qu'en

France la nourriture est plus agréable qu'en Amérique et qu'en Angleterre...

— Parce qu'on en parle, madame; croyez-m'en !

Mon interlocutrice ferma les yeux une seconde et je vis bien qu'elle rougissait un peu, et qu'elle en avait honte. Néanmoins, elle me quitta moins roidement qu'elle m'avait abordé.

Pour la convaincre tout à fait de l'importance et des mérites de la bonne cuisine, j'aurais souhaité qu'elle fît la connaissance d'une Belle Perdrix, c'est-à-dire d'une de ces femmes d'esprit qui ont formé, sous le nom de la « Belle Perdrix » une société, habituellement fermée aux hommes, dont les réunions ont lieu autour d'une table bien servie.

Mais d'abord sachez qu'avant « La Belle Perdrix » existait « Le Grand Perdreau », qui est une société exclusivement réservée aux hommes, et dont les réunions s'ordonnent également autour d'une table bien servie, jamais la même.

Elle se compose de quelques grands éditeurs, de directeurs de revues auxquels se sont adjoint des poètes, des romanciers, des journalistes triés sur le volet, un auteur dramatique ravi d'être là seul de son espèce et deux autres personnes sans profession bien définie, qu'on prétend banquiers, je crois.

A qui la vie n'est-elle pas apparue, au moins une fois, un jour de particulière détresse, comme une immense chasse gardée? Un tout-puissant propriétaire, éleveur sans rival et tireur implacable, qui répond, quand cela lui chante, au nom, d'ailleurs magnifique, de Dieu, y parque, y multiplie et y massacre les espèces avec un éclectisme où l'humour et une apparente férocité, toujours égale à elle-même, et qui n'est peut-être qu'une souveraine indifférence à l'égard de nos destinées, ne manque même pas. L'homme, un de ces moindres gibiers, probablement, s'ingénie de toutes façons, pour y oublier l'inéluctable coup de fusil. Dans les fourrés du travail et de l'amour, les lacets divins sont tendus, les pièges dressés, l'appât brille, prêt à trahir, les canons rayés du Nemrod éternel sont braqués partout et sans arrêt sur l'éphémère. Il sait, le pauvre homme, qu'il n'échappera pas, que ses heures sont impitoyablement comptées. Sa résignation cache habituellement son désespoir sous les pompes les plus absurdes et les distractions les plus vaines. Tant que le grand Chasseur le lui permet, il s'ébroue dans la rosée des vocations, broute le thym des sciences et des arts, mord l'écorce des rêves, joue et s'ennuie, rit et pleure avec et parmi tout ce qui doit, fatalement, périr comme lui.

Quelle joie je ressentis lorsque, sans avoir posé de candidature, je fus élu membre du Grand Perdreau et invité à participer aux agapes mensuelles de cette imposante et respectable société de gastronomes éloquents.

Dans les chasses, gardées ou non, le gibier volant doit certainement s'imaginer que le plomb du chasseur risque moins de l'atteindre s'il traverse l'espace en groupe, aile contre aile. Sans doute, c'est le contraire qui est la vérité. Mais qu'importe ! Cette sorte de bonheur qu'on appelle la quiétude ne s'obtient le plus souvent, chez l'homme aussi, qu'au moyen de raisonnements faux ! Quand les « Grands Perdreaux » sont ensemble et que le fumet des plats heureux leur chatouille doucement les narines, et que les vins persuasifs insinuent dans leurs veines la mansuétude, la générosité, une espérance vague mais immense, l'amour des beaux vers et des femmes suaves, aucun d'eux, j'en réponds, ne croit plus qu'un jour, frères, il faudra mourir ! Même alors, sans la brusque apparition de la note collective qu'un serviteur apporte toujours, hélas ! trop tôt, ils oublieraient, tous, le coup de fusil final.

La plupart des membres de la compagnie, les jours de réunion, laissaient au logis une épouse affligée que la perspective de voir rentrer, vers la fin de l'après-midi, un compagnon de belle humeur et qui ne manquerait pas de lui décrire par le menu, c'est le cas de le dire, ses prouesses gastronomiques, ne consolait pas du tout.

L'épouse avisée d'un Grand Perdreau conçut alors le dessein de réaliser une société exclusivement féminine sur le modèle de celle à laquelle son mari se targuait si légitimement d'appartenir.

Ainsi naquit La Belle Perdrix, sœur cadette du Grand Perdreau !

Mais les Belles Perdrix ont trouvé le moyen d'humilier leur frère aîné. D'abord, une fois par an, pour un dîner extraordinaire, chacune d'elles a le droit d'inviter un ou plusieurs perdreaux, choisis ou non parmi les membres du club masculin. Ce dîner est un enchantement des yeux, de l'esprit et du palais. Les Belles Perdrix comptent parmi les femmes les plus spirituelles et les plus jolies de Paris. Et elles sont aussi gourmandes qu'elles ont de grâces et d'esprit. A minuit, l'invité perdreau vole en plein ciel. Le plus prosaïque est devenu poète et demeure persuadé qu'une délicieuse conspiration des Muses a ordonné, pour son incommensurable allégresse, les pompes délicates et somptueuses ensemble de cette soirée.

Puis les Belles Perdrix, évidemment parce qu'on

n'a jamais les chances qu'on mérite, ont rencontré une fée authentique, une marraine, aussi bonne et généreuse que belle, et grâce à qui elles ont pu offrir à un jeune romancier et à un jeune peintre un prix dont la valeur leur permettra de dorer les couronnes qu'ils avaient déjà gagnées par leur talent.

Tout cela n'était pas suffisant encore pour combler leur appétit de gloire. Les Belles Perdrix sont insatiables : elles veulent tous les lauriers et même le laurier-sauce.

Deux d'entre elles, dans l'intention charitable de faire un peu profiter de leur plaisir les malheureuses créatures à qui leur destinée contraire ne permet pas de s'asseoir à leur table, ont rédigé un certain nombre de recettes culinaires, choisies parmi celles que les Belles Perdrix ont unanimement appréciées au cours de leurs éblouissantes agapes.

C'est probablement parce que, invité annuel des Belles Perdrix, je n'ai jamais manqué la fête à laquelle elles ont bien voulu me convier, que Mme G. Réval et Mme M. Croci m'ont demandé de présenter leur ouvrage au public.

René FAUCHOIS.
Grand Perdreau.

LE RAPPEL

DES " BELLES PERDRIX "

N'écoutons pas les journalistes
Qui racontent dans leurs canards
Que les « Belles Perdrix » sont tristes,
Car ce ne sont que des bobards.

Ces romancières fatiguées
Se reposent par des chansons.
Quoique perdrix, elles sont gaies,
Sachez-le, comme des pinsons.

Mes sœurs, ouvrons nos ailes !
Le bon rire coule à pleins bords,
La compagnie rappelle,
Qu'on est bien sans le sexe fort !

Les vins sont fins, la chère est bonne,
Oublions les vilains museaux,
Les perdrix rient quand on leur donne
Différents petits noms d'oiseaux.

Vexés de n'être pas à table,
Écoutez-les, ces sacripants !
Ils nous disent (s'ils sont aimables)
Orgueilleuses comme des paons.

Mais nous ne sommes pas chipies,
Laissons donc parler ces messieurs,
Même s'ils nous jugent entre eux
Aussi bavardes que des pies.

Peu nous importent leurs discours,
Voire si nos honnêtes joies
Leur font penser, à ces balourds,
« Ce sont des dindes... ou des oies. »

Le bon rire coule à pleins bords,
La compagnie rappelle,
Mes sœurs, ouvrons nos ailes,
Qu'on est bien sans le sexe fort !

Mais voici leurs fureurs accrues,
J'entends leur murmure d'ici :
Ils prétendent cette fois-ci,
Que nous ne sommes que des grues.

Messieurs, vous allez un peu fort !
Lorsque l'heure des toasts arrive,
Tout au plus sommes-nous des grives,
J'affirme que vous avez tort.

Une par une ou bien ensemble
Quand nous chantons en si bémol
On dirait plutôt, il me semble,
Que nous sommes des rossignols.

Allez ! vous pouvez à votre aise
Viser notre cercle choisi.
Nous savons, ne vous en déplaise,
Nous garder des coups de fusil.

Perdrix, pinson, paon, grive, grue,
Pie, oie, dinde ou rossignol fou,
Non, foi de Lucie Delarue,
Vous ne nous mettrez pas aux choux !

Mes sœurs, ouvrons nos ailes !
Le bon rire coule à pleins bords,
La compagnie rappelle,
Qu'on est bien sans le sexe fort !

Lucie DELARUE-MARDRUS.

25 avril 1929, Paris.

MENU

EN L'HONNEUR DE LA " BELLE PERDRIX "

composé par le maître ESCOFFIER

suivi de quelques-unes de ses meilleures recettes.

Caviar frais
Crêpes au sarrasin

Un léger velouté de poulet, servi en tasse
Paillettes dorées

Truites de rivière Juliette Lambert

Noisettes de ris de veau Favorite
accompagnées des béatilles savoureuses de Monseigneur
Pointes d'asperges au beurre d'Isigny

De tout jeunes perdreaux assaisonnés de haut goût
enveloppés de feuilles de vigne,
mis en broche,
rôtis avec tous les soins voulus au feu de sarment,
présentés sur canapés (sans feuille de vigne).
A chaque Perdrix son petit Perdreau
Salade d'oranges et de grains de raisin Muscat
à la Japonaise

Parfait de foie gras Sainte-Alliance
avec fine gelée au Frontignan

Vins

Belles angevines à la Bohémienne
Frivolités parisiennes
Café mode orientale
Grandes liqueurs de France

Embaumantes cigarettes.

Truites de rivière Juliette Lambert.

(Mme ADAM).

Choisir des truites bien fraîches, du poids de 150 grammes chaque, faire une petite incision le long de l'arête du côté du dos pour en faciliter la cuisson ; les assaisonner de sel et de poivre, les arroser de quelques cuillerées de lait, puis les passer dans la farine et les cuire au beurre à la poêle ; les dresser sur plat en faïence très chaud, exprimer dessus quelques gouttes de jus de citron et les couvrir copieusement de champignons frais, émincés et sautés au beurre à la dernière minute, assaisonner de sel et de poivre, persil finement haché. Pour terminer, une fine sauce Chateaubriand complétera délicieusement ce mets.

NOTA. — La sauce Chateaubriand est un composé de glace de viande blonde, pas trop réduite, montée au beurre fin.

Les noisettes de ris de veau Favorites.

Pour 10 personnes.

Choisir 3 à 4 noix de ris de veau de grosseur moyenne, les faire dégorger pendant quelques heures à grande eau froide, puis les mettre dans une casserole, les couvrir d'eau froide ; mettre la casserole sur le feu, au premier bouillon retirer la casserole hors du feu, égoutter les ris, les rafraîchir et les parer.

Beurrer le fond d'une casserole à sauter ; couvrir

le fond d'un oignon et carottes émincées, quelques couennes de lard et un petit bouquet composé de branches de persil, une feuille de laurier et brindilles de thym. Disposer les ris sur ce lit de légumes, les assaisonner de sel et de poivre, les couvrir de minces bardes de lard, les mouiller de 2 décilitres de vin blanc, couvrir la casserole, faire vivement réduire de deux tiers ; ajouter 3 décilitres de consommé et faire réduire complètement. Mouiller alors, à hauteur des ris, avec du fond blanc, ou de consommé, peu salé, couvrir la casserole, la mettre dans le four, chaleur moyenne, en ayant soin d'arroser les ris de veau, de temps à autre, avec leur cuisson. Temps de cuisson : 35 à 40 minutes environ. A ce point, le mouillement doit être réduit presque à fond. Retirer la casserole hors du feu ; tenir au chaud. D'autre part, on aura choisi 10 artichauts de grosseur moyenne, retirer la première partie des feuilles, arrondir le fond et couper horizontalement le restant des feuilles un peu au-dessus de leur naissance de façon à obtenir de jolis cœurs d'artichauts donnant l'illusion d'un petit nid ; les frotter avec un demi-citron et les cuire à l'eau légèrement salée, dans laquelle on aura délayé deux cuillerées de farine. Aussitôt cuits, les égoutter, les rafraîchir, retirer le foin de l'intérieur des cœurs ; ranger les fonds dans une casserole à sauter, fortement beurrée, couvrir la casserole et faire étuver les fonds pendant 8 à 10 minutes. Quelques instants avant de servir, disposer sur un plat rond les cœurs d'artichauts en laissant un vide au centre. Tailler sur les noix de ris de veau tenues au chaud 10 belles noisettes ; avec les parures et le restant des noix et quelques cuillerées de truffes taillées en petits dés, enrobés de fine sauce béchamelle, garnir les cœurs, placer sur chacun une noisette et sur chaque noisette une lame de truffe, masquer complètement de beurre fondu et passer quelques secondes à la salamandre pour obtenir une couleur légèrement brune.

Dresser au centre du plat des pointes d'asperges bien vertes, liées au beurre d'Isigny.

Les béatilles de Monseigneur.

Réunir dans une casserole crêtes de coq bien braisées, rognons de coq très frais et rissolés au beurre, truffes fraîches soigneusement pelées et coupées en lamelles, un verre de vieux madère, couvrir la casserole, donner deux minutes d'ébullition et enrober le tout d'une sauce béchamelle à la crème dans laquelle on aura ajouté le fond de cuisson des ris de veau et une petite pointe de poivre rouge. Servir en timbale d'argent ou dans une terrine, mais surtout très chaud.

Nota. — Cette préparation de noisettes de ris de veau est complètement inédite.

Belles Angevines à la Bohémienne.

Choisir des poires de grosseur moyenne, les peler, les cuire dans un sirop léger, vanillé, les laisser refroidir dans leur sirop. Dresser dans une vasque en cristal un lit de glace à la vanille, disposer les poires en couronne sur la glace, garnir le centre de beaux marrons glacés. Masquer les poires d'un sirop d'abricot un peu épais parfumé au rhum.

Les poires dites « Bohémiennes » forment un de meilleurs entremets d'hiver.

Nota. — A défaut de poires Angevines on peut servir les poires Duchesse ou du Comice, tout en conservant le nom de « Bohémiennes ».

A. Escoffier.

RECETTES

DES

" BELLES PERDRIX "

Cèpes à la vieille mode périgourdine.

Promenez-vous un jour d'automne dans un bois de chênes où il y a des bruyères, qui gardent toute fraîche la rosée de la nuit et que le soleil essuie doucement. Vous verrez, parmi les brindilles brunes et les feuilles rousses, surgir les parasols des bolets bruns et roux, tellement pareils, par leurs couleurs, aux tapis déployés d'octobre, que vous aurez d'abord quelque peine à les discerner. Laissez mourir en paix les gros cèpes déjà ramollis et verdissants. Négligez les petits aux pieds jaune clair, et ne méprisez pas, — si votre chasse n'est pas abondante, — les cèpes rugueux, rouges, *au gros pied strié de noir*, qui épouvantent les chercheurs novices. Préférez à tous le roi des bolets, le « tête de nègre «, brun caramel, qui ressemble, robuste et trapu, à un bouchon de champagne. Qu'il soit jeune, dru, épais, solide, sans tache et sans meurtrissure, et de taille moyenne. Réservez les tout petits spécimens pour les conserves, et les très grands pour l'accompagnement des ragoûts. Autant que possible, n'arrachez pas : coupez au ras de terre, afin de ménager la récolte future.

Je suppose que vous connaissez les caractères botaniques du cèpe, et que vous ne croyez pas à l'épreuve de la pièce d'argent qui ne noircit pas à la cuisson. Si le champignon est comestible, chaque année, cette pièce d'argent est la cause d'empoisonnements ou de graves malaises.

Les cèpes sont étalés sur la table de la cuisine. Vérifiez-les, un par un, et ne vous fiez qu'à vous-même.

Votre cuisinière, — d'abord sceptique et mal-gracieuse, — devra préparer un fin hachis : persil et une pointe d'ail.

Elle voudra laver les cèpes. Vous lui apprendrez — peut-être sans la convaincre, — que les cèpes ne doivent être :

Ni lavés, ni pelés, ni raclés... mais doucement nettoyés avec un linge à peine humide, et **gardés** *intacts*, sauf la queue que l'on coupe au ras du chapeau.

Prenez une casserole de terre, ce qu'on appelle en Périgord, un poêlon. A défaut de cet ustensile vénérable, une casserole de cuivre épais. Mais rien ne vaut la terre, pour toutes sortes de plats mijotés. La terre seule conserve une chaleur égale, ne brutalise pas les bonnes choses qu'on lui confie, et respecte leur couleur.

Jamais de fer, de fonte, d'émail ou d'aluminium. Ce sont des œuvres du diable.

Dans le poêlon posé sur un feu pas trop vif, mettez de l'huile d'olive fine qui ne sente pas trop le fruit. La bonne huile blanche, à la rigueur, à l'extrême rigueur !

Quand l'huile fume, ne jetez pas les cèpes en vrac. Placez-les comme des médailles dans une coupe, afin qu'ils ne se heurtent pas et ne s'écornent pas. Faites dorer (sans jamais dessécher) d'un côté, puis retournez vos cèpes, en vous servant de cuillères et de fourchettes *en bois*.

Répétez souvent l'opération. A mi-cuisson, répandez la moitié au moins du hachis sur les champignons, et, aussitôt, vous sentirez un parfum spécial, haut et savoureux, de ce mélange. Un peu avant la fin de la cuisson, répandez le reste du hachis, sel et poivre. (Ne craignez pas le poivre !)

Le secret de la parfaite cuisson est dans le degré du feu qu'il faut surveiller, et le remuement fréquent et minutieux des cèpes, l'expérience ne s'enseigne pas. Essayez. Il faut que vos cèpes soient fermes et moelleux en même temps, rissolés et non croustillants, avec la consistance d'une crème très cuite et très épaisse. L'eau qu'ils contiennent se sera évaporée naturellement. Il ne doit pas y en avoir trace dans la casserole : rien que l'huile un peu réduite.

Ayez un plat bien chaud. Mettez-y les cèpes, et arrosez-les d'un jus de citron. Servez aussitôt. N'oubliez pas que les assiettes des convives doivent être aussi bien chaudes.

Laissez savourer la première bouchée. Regardez les figures des bons gourmands qui n'ont mangé de cèpes que dans les restaurants, et si les yeux s'arrondissent, si une joie recueillie se peint sur les traits de vos amis, dites, avec l'air modeste d'une honnête femme qui ne veut pas ravir les lauriers d'autrui, serait-ce des lauriers-sauce :

« C'est Marcelle Tinayre qui m'a donné cette recette-là... »

Et, si vous ne m'avez pas trahie, en gâchant vos champignons, vos invités, madame, deviendront indulgents à ma littérature.

Marcelle TINAYRE.

* * *

Je ne sais cuire que les œufs
Et surtout s'ils sont à la coque,
Je les mets dans l'eau, puis m'en moque,
Et s'ils sont durs, eh bien ! Tant mieux.

Lucie DELARUE-MARDRUS.

Poulet tricolore.

Prendre un beau poulet de grain. Le découper. Faire griller les morceaux sur des braises. Les tenir au chaud dans un large plat. Les entourer :

1º De quartiers de tomates fraîches que l'on sèche dans la farine avant de les jeter dans une friture d'huile bouillante ;

2º De fonds d'artichauts cuits à point ;

3º De tronçons d'aubergine frits comme les tomates. On les aura, au préalable, dépouillées de leur belle pelure bleu-mauve que l'on conservera avec soin pour en revêtir rapidement les tronçons une fois retirés de la friture. Semer sur le tout un hachis de fines herbes à pointe d'ail, arroser d'un filet de citron et servir brûlant.

Judith CLADEL.

Huîtres à la François Villon.

Autant de demi-douzaines d'huîtres que de convives. Les faire pocher. Préparer une sauce genre
sauce sole au vin blanc; y ajouter muscade, girofle,
gingembre. Jeter les huîtres dans cette sauce. Servir
chaud. Ajouter très peu de poivre.

Œufs à l'Italienne.

Un fonds d'artichaut cuit et refroidi. Poser dessus
une rondelle de concombre cru un peu épaisse, une
autre de tomate, un œuf poché tiède et mollet. Napper
d'une sauce verte piquée de câpres (Sublime !)

GRAMMONT (CLERMONT-TONNERRE).

Petite marmite.

La poitrine de bœuf en fera les frais, avec une
grosse gousse d'ail, de tendres carottes, de vieux
navets — les jeunes n'ont aucune saveur — ça viendra,
mais quand? — un seul poireau, trois clous de girofle,
bouquet de thym frais au point d'en être attendrissant
et, tout juste — soyons modestes — une feuille de
laurier. Tout cela mijotera à feu vif, dans un récipient couvert, aux trois quarts plein d'eau légèrement salée; après une demi-heure d'ébullition, le
pot-au-feu écumera. Pour ne point le pousser à bout
on modérera l'ardeur du feu et l'on ajoutera au bouilli
de belles pommes de terre de Hollande non coupées,

des abattis de poulet et un saucisson de Bretagne. Trois heures plus tard — comme le temps passe ! — il ne restera plus qu'à transvaser dans des marmites petit format le précieux liquide. Quelques-uns de ses légumes, des échantillons de bœuf, des ailerons de volaille l'accompagneront dans cette épreuve. Seul le saucisson, ayant joué ce rôle d'utilité, n'aura pas les honneurs de la table. Tant pis ! Il faut se faire une raison !...

Mais si l'on consent d'accommoder le bouillon de quelques ronds de flûte d'un plaisant effet, on se gardera bien d'en altérer le goût parfait par le moindre soupçon d'emmenthal ou de parmesan. Ces râpés, qui ne sont pas riches, ne sont pas de chez nous.

Huguette GARNIER.

La Pomme « Maman ».

La « Pomme Maman » est une recette de diététique plutôt que de cuisine, car c'est pour un enfant malade que je l'ai trouvée. Au surplus, l'ai-je trouvée ? Il est possible qu'elle existe depuis longtemps sous quelques beau nom que connaît le moindre gâte-sauce...

Telle qu'elle est, pourtant, née dans mon imagination maternelle, je l'offre au livre des Perdrix.

Il est 11 heures et bébé doit prendre son repas de convalescent à 11 heures ½. Le bouillon de légumes sur le feu depuis 8 heures, est prêt, insipide à souhait. L'œuf « du jour » attend dans son coquetier les trois minutes réglementaires.

Maman se frappe le front. « Le dessert ! » Bébé est fatigué de confitures, lassé d'œufs à la neige, rebuté de compotes... Il faudrait faire vite... Une idée ! Prenons une pomme, une belle « Reinette de Caux », mûre à point. Pelons-là sans toucher au *cœur*, réceptacle exquis où dorment les pépins et le cartilage, véritables réservoirs de cet acide pectique, suc précieux du fruit qui coagulera le jus, tout à l'heure.

Sur le feu bout depuis cinq minutes le sirop (3 cuillerées à soupe de sucre cristallisé dans 6 cuillerées d'eau), dans une *petite* casserole un peu plus grande que la pomme. Plaçons-y avec soin celle-ci, *couvrons-la* et, pendant les vingt-cinq minutes qui restent, retournons-la *une* fois, en ajoutant une ou deux fois, si le sirop tourne au brun, une cuillerée à café d'eau tiède. Un bon *petit feu* vif et égal nous rendra le fruit ! « poché » dans un demi-caramel véritable sucre de pomme.

Telle est la « Pomme Maman » délice des convalescences.

Maintenant, ça n'a l'air de rien, mais si vous voulez la donner à vos invités vous pourriez plus mal faire...

Marion GILBERT.

La salade au lard.

Recette champenoise.

Prendre des cœurs de laitue et les faire frire à la poêle, dans un mélange à parties égales de beurre et d'huile d'olives. Y ajouter des petits lardons et tranches de jambon fumé — ou bacon, — quelques champignons.

La cuisson ne doit durer que quelques minutes à peine pour que les cœurs gardent leurs formes, les disposer sur un plat. Puis dans la sauce qui reste dans la poêle, ayant éteint le feu, jeter des jaunes d'œufs hachés et des brins d'estragon coupés menu, mélanger et lier avec de la crème fraîche.

Poser cette sauce sur les cœurs de laitues, que l'on aura bien égouttés.

Hélène GOSSET.

Raviolis à la sauce de noix.

Recette piémontaise.

Préparer la pâte des raviolis qui doit être assez fluide (et lisse) avec de la farine de gruau et un mélange égal d'eau et de lait. En faire deux nappes; sur la première, disposer les petits tas espacés et en lignes régulières, du bœuf (rumsteack ou pot-au-feu) mélangé avec de la « mâche » le tout haché très fin.

Recouvrir par la deuxième nappe et réunir entre chaque monticule, puis découper en petits carrés. Les laisser reposer 24 heures et pocher quelques minutes à l'eau bouillante, les poser sur un torchon, puis les disposer dans un plat.

Dans une casserole, préparer le mélange suivant :

Noix débarrassées de leurs coquilles, pilées jusqu'à ce qu'elles soient réduites en pâte (1 livre), 1/2 quart de beurre; 1/4 de fromage de Gruyère râpé. Mélanger à chaud, sans bouillir, puis ajouter un verre de crème fraîche quand on retire la casserole du feu, et arroser copieusement les raviolis.

Hélène GOSSET

Mon risotto.

Choisir du beau riz Caroline, le faire sauter à l'indienne, c'est-à-dire à sec au beurre durant cinq à six minutes sur un feu doux. Le mouiller avec du bon bouillon et le faire gonfler lentement. Y ajouter un jus de tomates ou quelques cuillerées de purée, un peu de safran et, au moment de servir, du fromage râpé. Ceci constitue un plat complet et déjà connu. Mais mon palais de « Belle-Perdrix » exigeant plus de raffinements, j'ai imaginé d'y ajouter des fonds d'artichauts, du jambon maigre et des champignons coupés en petits dés ainsi que des olives dénoyautées. Bien incorporer ces nouveaux ingrédients après les avoir fait cuire au préalable. Dresser le tout en dôme sur un plat rond avec une couronne de fonds d'artichauts remplis d'une farce faite d'un hachis de champignons, de jambon et d'olive. Napper le tout d'un fin coulis de tomates au jus... et se régaler copieusement !   Lydie LACAZE.

Recette-entremets.

Choisir des poires moyennes et régulières, les faire cuire au sirop, les conserver tièdes.

Faire une crème pâtissière un peu consistante, y incorporer des parcelles de véronique et d'écorce d'oranges confites.

Dresser cette crème pâtissière sur un plat en la décorant de fruits confits coupés et mettre tout autour les poires arrosées de leur sirop.

Servir un peu chaud.

Marthe-Yvonne LENOIR.

Croquettes de viande.

700 grammes de bœuf ou de veau bien maigre et sans nerfs. On peut aussi prendre 500 grammes de bœuf et 200 grammes de veau; 1 demi-décilitre de crème fraîche, 2 décilitres d'eau, 125 grammes de chapelure ou mie de pain, 1 ou 2 œufs, un demi-oignon, 2 cuillerées à soupe de beurre, sel et poivre blanc.

Passer la viande trois fois dans une machine à hacher. Mélanger crème, chapelure et eau. Laisser gonfler une demi-heure. Ajouter ensuite la viande et les œufs. Bien travailler le tout et assaisonner. Former des croquettes et les sauter au beurre. Ne pas les rouler dans la chapelure ou dans la farine. Faire une sauce brune avec le jus et un peu de crème.

Anna LEVERTIN.

Gulash à la hongroise.

Coupez menu un morceau de lard blanc et faites fondre avec du beurre. Faites revenir quelques oignons hachés, une gousse d'ail hachée, un peu de racine de persil et 2 ou 3 livres des viandes suivantes :

Une demi-livre d'épaule de mouton, une demi-livre d'épaule de veau, une demi-livre de faux-filet, une demi-livre de porc.

Salez et faites cuire bien couvert en ajoutant au fur et à mesure : du bouillon, de la sauce tomate et une cuillerée à dessert de poudre de papriks.

Environ trois heures de cuisson.

Accompagnez le plat de pâtes ou de pommes de terre cuites à l'eau.

On peut aussi employer un poulet qui remplace agréablement les viandes énoncées ci-dessus. En ce cas, ajoutez à la sauce, un quart d'heure avant de servir, un demi-litre de crème fraîche.

Ève PAUL-MARGUERITTE.

Cous-Cous algérien.

Deux parties distinctes : le cous-cous et sa garniture.

1º *Le cous-cous.* — Pour 12 personnes, mettez dans une terrine 1 kilo de cette semoule sur laquelle vous verserez lentement un bol d'eau fraîche. Tous les grains doivent être humectés.

Faites cuire à la vapeur dans une passoire garnie d'un linge. Sous cette passoire, une casserole d'eau bouillante. Quand la vapeur sort du cous-cous, retirez-le et recommencez à mouiller la semoule avec un bol d'eau salée.

Remettez de nouveau le cous-cous dans la passoire et faites cuire à la vapeur en remuant de temps en temps. Couvrez la semoule d'un linge humide pour qu'elle ne se dessèche pas. Environ deux heures de cuisson. Au moment de servir, mélangez au cous-cous du beurre frais qui doit s'incorporer au grain.

2º *La garniture.* — Mettez dans une grande casserole 2 livres de filet de mouton. Si vous ajoutez une poule cela n'en sera que meilleur. Le tout coupé en morceaux. Faites revenir. Couvrez d'eau en ajoutant au fur et à mesure du temps nécessaire à leur cuisson, les ingrédients suivants : deux feuilles de menthe, des tomates, des courgettes et des poivrons doux, et aussi des pois chiche qu'on aura eu soin de faire tremper toute une nuit.

On peut aussi ajouter des petits pois, des fonds d'artichaut, des haricots verts et un chou fleuri, ces légumes auront cuit séparément.

Une demi-heure avant de servir, retirez du feu la casserole du mouton. Versez-en le jus dans une autre casserole où il réduira de moitié. Ne le dégraissez pas. Prélevez-en une petite quantité dans laquelle vous jetterez deux piments rouges. Vous obtiendrez ainsi la sauce forte dite *mérga*. L'autre jus forme une sauce inoffensive. On doit servir les deux.

Le mouton et le poulet en morceaux seront dressés sur le cous-cous fumant, et les légumes servis à part.

Lucie PAUL-MARGUERITTE.

LA TERRINE DE NOËL
ou, selon la dénomination familiale,
‹ Les savourettes de Taï »

Pour charmer votre entourage, sans prétendre aux apparences somptueuses des pièces superbes vous souriant, chaque année, à pareille époque, au travers des vitrines, essayez la recette suivante :

Prenez de beaux foies gras, bien frais, dans lesquels vous introduirez, par-dessous, quelques truffes *fraîches* pelées, puis arrosez vos foies d'un peu de fine champagne et laissez reposer jusqu'au lendemain.

Préparez, d'autre part, une gelée de viande composée des éléments habituels auxquels vous joindrez un ou deux abattis de poulet. Vers la fin de la cuisson, ajoutez-y les pelures de vos truffes.

Conservez le tout jusqu'au lendemain. Dégraissez alors soigneusement à froid, fondez la gelée dégraissée et ajoutez-y une partie égale de porto sec.

Placez ensuite vos foies dans les terrines et recouvrez-les du mélange obtenu, avant de les faire cuire à four doux, pendant un quart d'heure ou vingt minutes, en moyenne. (Il faut que le foie demeure rosé, mais non crémeux.)

Réservez ensuite, dans un récipient, le jus de la cuisson qui vous servira pour une entrée dont vous trouverez plus loin le détail.

Dès que les foies sont au point et le jus de la cuisson enlevé, coupez quelques belles rondelles de truffes fraîches dont vous décorez votre terrine avant d'y verser la seconde partie inutilisée encore de votre gelée. (Celle-là dûment dégraissée et clarifiée). Les « Savourettes de Taï », je le gage, vous vaudront de fidèles amateurs qui chaque année vous en réclameront comme à moi-même. Priez le bon Dieu pour que les truffes, d'un prix prohibitif cette année, s'assagissent un peu si vous ne voulez pas regretter de vous être attaché ainsi une « clientèle » amicale par trop fidèle.

Mme DE MIRECOURT.

Une alléchante entrée.

Pour utiliser l'excédent de cette gelée au porto et aux truffes, préparez le lendemain quelques œufs mollets que vous éplucherez et coucherez câlinement dans leur berceau d'argent ou de porcelaine. Recouvrez-les de gelée et, après refroidissement, afin de leur donner un aspect aussi agréable à l'œil qu'au palais, saupoudrez-les des hachures de truffes se combinant heureusement avec le délicat ensemble.

Mme DE MIRECOURT.

Lapin sauté à la Bella poulida

Aimez-vous la cuisine niçoise ? Voici un plat d'entrée inspiré par le beau soleil de Provence.

Faites revenir dans une sauteuse quelques lardons et deux oignons hachés, sans oublier la pointe d'ail réglementaire. Après avoir, d'autre part, fait revenir vos morceaux de lapin que vous aurez ensuite légèrement saupoudrés de farine, jetez-les dans une sauteuse avec les lardons, agréablement rissolés, puis versez sur le tout un demi-verre de vin blanc que vous laissez évaporer, à feu vif. Ensuite mouillez d'un peu de bouillon et ajoutez une cuillerée de tomate concentrée. Il faut que le jus soit court, comme dans le poulet marengo. Quelques minutes avant de servir, ajoutez-y les olives dessalées au préalable et servez chaud après avoir déglacé votre sauteuse au moyen d'une larme de Xérès ou de Madère *sec*.

Les personnes aimant la cuisine très relevée, dans le genre du homard à l'américaine, pourront ajouter à ce lapin méridional, une cuillerée de sauce anglaise et une poignée d'estragon haché.

Nota. — Du riz créole, servi en même temps forme un complément direct à ce mets plutôt modeste, mais excellent.

Mme DE MIRECOURT.

Fricassée du Larzac.

Couper en quatre un beau poulet, l'assaisonner, le sauter au beurre avec une dizaine de petits oignons. Laisser colorer, mouiller avec deux cuillères à bouche de madère, un verre de vin blanc, une louche de fond blanc, 2 gousses d'ail finement hachées, bouquet garni. Laisser cuire vingt à vingt-cinq minutes, ajouter 12 litres de champignons, un pied de céleri coupé en gros dés et des olives dénoyautées. Finir avec 50 grammes de beurre frais, une cuiller de crème.

Gratinée de moules de Coralie.

Faire suer au beurre un peu d'oignons hachés avec 50 grammes de riz. Mouiller avec quatre décilitres de fond blanc. Laisser cuire vingt minutes, ajouter un litre de moules cuites à la marinière et décortiquées, une cuiller de crème, un peu de gruyère râpé. Mélanger le tout, faire gratiner avec gruyère râpé et un petit morceau de beurre.

Crêpes des Cordeliers.

Farcir les crêpes avec une cuiller à bouche de crème pâtissière chocolatée. Les rouler, les napper avec une crème anglaise parfumée au kirsch et à la fine, servir très chaud.

Après ça, il n'y a plus qu'à s'en aller, une chanson aux lèvres, comme France Marlis, l'autre soir, et René Fauchois.

Gabrielle RÉVAL.

Quiche lorraine.

Une livre de farine, 200 grammes de beurre, un peu de sel, un peu d'eau. Travailler le beurre avec la main et un peu d'eau ; ajouter la farine, le sel et l'eau. Laisser reposer la pâte, puis l'étendre et garnir une tourtière beurrée, piquer la pâte. Couper de petits lardons. Disposez-les sur votre pâte ; ajouter quelques petites noix de beurre, un quart de fromage râpé, casser 2 œufs, un demi-litre de crème et un peu de sel. Verser sur la pâte et cuire au four à feu vif, vingt minutes environ.

Gabrielle RÉVAL.

Croissants Rosita.

70 grammes de sucre, 300 grammes de farine, 120 grammes d'amandes hachées, 25 grammes de beurre.

Sourire au bien-aimé ; puis cuire à feu doux et fariner au sucre glace.

ROSITA.

Lièvre farci.

Préparez un lièvre de pays, bien en chair et tué au plus depuis deux ou trois jours, n'endommagez pas la peau du ventre en le vidant parce que vous devez la recoudre.

Hachez et pilez 300 grammes de foie de veau ou mieux encore de foies de volailles crus et ajoutez-y le foie du lièvre ; hachez deux ou trois échalottes, un peu de mie de pain trempée dans du lait et le sang du lièvre que vous aurez pu réserver. Assaisonnez bien de poivre, sel, un rien de muscade, un peu d'herbes aromatiques, persil, thym, laurier, sauge, romarin, le tout finement haché. Avec toutes ces choses, faites une farce et remplissez l'intérieur du lièvre dont vous recoudrez délicatement les ouvertures. Mettez le lièvre à la broche ou au four, faites-le rôtir à feu vif en le gardant un peu saignant. Servez, découpé avec une sauce poivrade. Est aussi bon mangé froid que chaud.

Hélène VALANTIN.

Voici, chère Maria Croci, le poulet sauté à ma manière, une manière que je tiens à la fois de ma grand'mère et de mon pays. Je vous invite à venir qualifier ce plat chez moi, dans mon paysage d'Ile-de-France... Et peut-être, m'aimerez-vous quand je fais la cuisinière...

Donc, je prends deux poulets de grain, bien dodus et bien tendres. Je les coupe chacun en quatre morceaux, pas davantage. Je fais rissoler ces mutilés dans une sauteuse avec un gros morceau de beurre loyal. Quand le tout est doré, je sale, je poivre au poivre rouge, un brin de muscade râpée et sans ajouter d'odieuse farine je jette sur le tout un verre de chablis.

Je couvre la sauteuse. Je mets la petite flamme bleue. Sur l'autre côté du fourneau à gaz je fais rissoler des morilles, bien lavées et bien épongées, en plein beurre. (C'est plus fin, chère amie, avec les champignons de mûrier, qui sont de petits champignons jaunes, de chez nous... mais allez en cueillir dans cette Ile-de-France qui n'a même pas de mûrier !) Quelquefois même je dois me résigner à remplacer la morille qui manque par le champignon de couche. Alors je le choisis tout petit et tout rose et blanc.

Quinze minutes se passent. Dans la sauteuse, je

jette une bonne affaire d'olives dénoyautées. Dans la poêle aux morilles, je tortille une bonne louche de crème épaisse.

Et alors je dis aux convives : Attention !

Et pendant qu'ils font attention à ce qui va se passer je dispose en couronne, dans un plat rond et creux, bien chauffé, mes morilles. Au milieu je tasse mes deux petits poulets et j'apporte triomphalement le tout aux amis.

Ce n'est pas sorcier, vous voyez ; mais c'est fameux. Du moins à mon goût et comme personne n'en laisse ni dans le plat, ni dans son assiette, je peux assurer que le poulet sauté à la mode de Blanche Vogt, ce n'est pas de la roustissure...

De cœur et d'estomac avec vous, chère Belle-Perdrix.

Blanche VOGT.

Rognons de veau Saint Mammès

Cuire le rognon très doucement dans du très bon beurre, après l'avoir coupé en petits morceaux, dix minutes environ ; retirez le rognon et, dans le beurre, ajoutez une cuillerée à café de moutarde par rognon de veau et le jus d'un demi-citron. Remettez le rognon, roulez-le bien dans la sauce et réchauffez au bain-marie.

Maria CROCI.

Délices du mari

Prenez une belle sole, enlevez les filets et roulez-les en goujons ; d'autre part, découpez en petits cubes bien réguliers quelques pommes de terre nouvelles et deux fonds d'artichauds bien tendres, ces deux légumes préalablement blanchis cinq minutes à l'eau bouillante. Faites roussir un quart de beurre très frais et jetez-y sole et légumes dûment assaisonnés jusqu'à cuisson ; au moment de servir, jetez dans cette cuisson une bonne poignée de crevettes grises épluchées. Dressez les filets de sole entourés des légumes et ajoutez un jus de citron au moment de présenter à table.

Maria CROCI.

Gâteau de la grand'mère

Prenez 250 grammes de macarons secs, écrasez-les finement, versez dessus un verre de lait bouillant dans lequel vous aurez fait fondre 4 morceaux de sucre et auquel vous aurez mélangé un petit verre à liqueur de rhum. Remuez le tout et ajoutez 3 jaunes d'œufs et les 3 blancs montés en neige.

Mélangez à fond et cuisez quarante-cinq minutes dans un moule largement caramélisé, d'abord au bain-marie puis quelques minutes, pour terminer, dans un four doux. Servir froid avec une crème à la vanille.

Maria CROCI.

RECETTES

Un menu sans défaut

vaut, seul, un long poème...

Louis XIV répondait à son confesseur qui lui reprochait ses infidélités à la Reine :

— Mon père ! Toujours de la perdrix ! Toujours de la perdrix !

A nous de dire :

— Et pourquoi pas !

POTAGES

Potage des belles perdrix. — Faites rôtir une vieille perdrix (naturellement, vous n'en trouverez pas dans le Club gastronomique portant ce nom), veillez à ce qu'elle soit fraîchement tuée : ayez cinquante beaux marrons rôtis et bien épluchés, cuits dans du bouillon.

Désossez soigneusement votre perdrix et pilez-en les chairs. Egouttez vos marrons et ajoutez-les dans le mortier à la chair déjà pilée de votre perdrix; amalgamez le tout ensemble et passez ensuite au tamis.

Prenez de la mie de pain trempée dans du lait et mélangez-la à votre purée. Allongez de bon bouillon bien assaisonné.

Ce potage est excellent et convient surtout aux estomacs des amoureux qui ont beaucoup à réparer.

Les premiers instants d'un bon repas sont toujours silencieux.

Waterzoo de chez nous. — C'est une sorte de potage à la reine, fait avec des poulets élevés spécialement aux environs de Bruxelles. On les découpe, on les met à cuire comme une poule au blanc, avec des racines de persil et quelques feuilles de céleri, à feu très doux pendant vingt-quatre heures. On ajoute au moment de servir de la crème fraîche relevée d'un jus de citron, et l'on envoie ce velouté avec les cuisses et les ailes de poulet, qu'accompagnent à part un plat de pommes de terre à l'anglaise et de riz cuit à l'eau.

Potage Eléna. — Prenez des courgettes, environ un kilogramme, coupez-les en rondelles minces et mettez-les dans une casserole avec un oignon haché, un litre d'eau, une noix de beurre, du sel, du poivre et une prise d'épices, faites bouillir. Lorsque les courgettes sont bien tendres, passez tout au tamis ou à la passoire fine et ajoutez-y un demi-litre de béchamel épaisse.

Faites rebouillir un peu, allongez si vous trouvez trop épais, et servez à table avec de petits croûtons de pain au beurre et parmesan à volonté.

Potage Nénette. — Faites cuire 500 grammes de pommes de terre et faites-en une purée avec 2 œufs battus, sel et poivre et 60 grammes de parmesan râpé. Travaillez bien la pâte et laissez-la reposer. Formez alors des petites boules de la grosseur d'une cerise dans laquelle vous introduirez une crevette grise épluchée, reformez bien votre petite boule et faites frire dans de l'huile très chaude jusqu'à ce qu'elles soient bien dorées. Faites-les bien égoutter et même dessécher quelques minutes à l'entrée du four, mettez-les au fond d'une soupière et versez dessus un bon bouillon de poule. Servez avec du fromage râpé.

Quand on attend sa belle
Que l'attente est cruelle,
dit la chanson, ce qui prouve l'infériorité de l'amour sur l'appétit
car lorsqu'on attend son déjeuner, l'attente est douce.

Voici une recette landaise donnée par le peintre DESPIAU.

Soupe à l'oignon *(Recette de M. Despiau)*. — Vous coupez vos oignons et les faites revenir à la poêle, dans de la graisse d'oie ; quand ils sont bien dorés vous les couvrez d'eau jusqu'au bord de la poêle et vous laissez bouillonner doucement. Vous avez fait griller des tranches de pain, vous les saupoudrez de fromage râpé, au fond de votre soupière. Puis, cassant un œuf, vous jetez le blanc dans la soupe à l'oignon ; il se coagule aussitôt et forme de capricieux agréments ; avec le jaune, vous liez votre rameno sur le bord du feu, et quand le mélange est bien crémeux, vous ajoutez un filet de vinaigre, vous le jetez dans la soupière et envoyez aussitôt sur la table.

Sainte-Catherine amène la farine et parfois la neige aussi.

Potage à la Monaco. — Coupez mince de petites tranches longues de mie de pain et soupoudrez-les de sucre en poudre. Grillez-les sur un feu doux. Lorsqu'elles sont bien croustillantes, mettez-les au fond d'une soupière. Versez sur ces tranches du lait bien bouillant dans lequel vous aurez battu 2 jaunes d'œuf par litre de lait. C'est exquis et très apprécié des malades.

Veloutine rose. — Épluchez 6 à 8 grosses et belles carottes bien rouges, coupez-les en rondelles et faites-les cuire dans un demi-litre d'eau salée. Lorsque les carottes peuvent s'écraser, retirez-les, enlevez la moitié de l'eau de cuisson pour mettre de l'eau fraîche en même quantité. Remettez à bouillir. A ébullition, jetez en pluie 3 cuillerées de tapioca, tournez pendant une dizaine de minutes, ajoutez les carottes réduites en purée, faites chauffer à nouveau sans bouillir. Au moment de servir ajoutez un bon morceau de beurre et si possible un peu de crême double.

Un véritable gourmet ne se fait jamais attendre.

Potage Finlandais. — Épluchez et lavez des poireaux, de l'oseille, des épinards et des feuilles de salade; hachez le tout grossièrement et faites cuire dans du beurre jusqu'à ce que ce soit presque fondu.

Faites cuire d'autre part à l'eau salée des haricots verts coupés en dés, des petits pois et des crosnes. Lorsqu'ils sont cuits ajoutez-les à votre purée avec l'eau où ils ont cuit. Au moment de servir mettez un bon morceau de beurre dans la soupière et versez dessus votre potage bouillant. La quantité de légumes doit être assez importante pour que le potage ne soit pas trop clair.

Si dans les bonnes maisons la richesse du service flatte agréablement la vue, la délicatesse et l'apprêt des mets excitent vivement l'appétit et le goût des gastronomes.

Gelée de volaille. — Mettez dans une marmite comme pour un pot-au-feu :

Un petit poulet ou 4 abatis
Jarret de veau................. 500 grammes.
Un demi pied de veau.
Couenne maigre.............. 200   —
Carottes...................... 4 grosses.
Oignons...................... 1 ou 2.
Eau froide.................... 2 litres.
Sel et poivre.

Faites bouillir pendant quatre heures. On peut à volonté ajouter un demi verre de vin blanc. Pour les malades ou si l'on veut garder la gelée jusqu'au lendemain supprimez le vin blanc.

Potage Marquis. — Épluchez 6 gros navets, faites-les cuire doucement dans un bon litre d'eau salée, réduisez-les en purée, assaisonnez à votre goût, ajoutez 3 morceaux de sucre et 2 tasses à thé de lait. Mélangez bien le tout et versez dans la soupière sur des croutons frits au beurre. La quantité de lait peut être augmentée suivant la consistance de la purée.

C'est en janvier surtout que l'on ressent de ces appétits robustes qui donnent si beau jeu aux cuisiniers.

Soupe polonaise à la Landowska. — Hachez finement et faites revenir dans du beurre, quelques feuilles d'oseille, un peu de fenouil et de civette. Prenez un concombre bien mûr, coupez en quelques fines tranches et mettez le reste sous presse pour en extraire le jus. Prenez un grand bol de lait caillé, ajoutez-y le jus du concombre, tournez doucement sur le feu puis ajoutez votre verdure cuite au beurre. Dans une soupière mettez quelques croutes de pain grillées et abondamment beurrées. Pochez dans votre potage pendant quelques minutes, deux ou trois, vos tranches de concombre, et versez le tout dans la soupière.

On dîne mieux, plus longuement, avec plus de plaisir et de gaité lorsque l'on dîne à la lumière.

Potage à la livournaise. — Émincez 2 belles carottes, 2 navets, 2 branches de céleri, 4 poireaux moyens, du persil et 2 gros oignons. Cuisez ces légumes à l'eau bouillante salée, égouttez les légumes et faites-les revenir au beurre chaud. Faites cuire à part du riz à l'eau salée, ajoutez-en 2 ou 3 grandes cuillerées à bouche, couvrez à nouveau d'eau et laissez se terminer la cuisson. Passez tout cela à la passoire fine, et délayez cette purée épaisse avec du lait tiède pour l'éclaircir en potage, salez, poivrez au goût. Au moment de servir ajoutez 1 ou 2 jaunes d'œuf au fond de la soupière ; ajoutez aussi un bon morceau de beurre frais à fondre dans ce potage bouillant, sans laisser cuire. Servir accompagné d'une assiette de petits croûtons.

Une bonne maîtresse de maison doit avoir soin que sa cuisine, petite ou grande. et tous les objets qui peuvent y être utiles soient très propres et rangés le plus commodément possible.

Soupe au fromage du Docteur. — Mettez à tremper à l'eau tiède pendant quelques heures des pois chiches et de gros haricots blancs. Faites-les cuire lentement avec un bon oignon, du sel, du poivre. Lorsqu'il sont très cuits, passez votre jus sur un tamis. Coupez dans une soupière de fines tranches de pain rassis, parsemez dessus abondamment de fromage de gruyère râpé et de parmesan râpé par moitié, une couche de pain, une couche de fromage et, pour terminer une couche de pain. Faites bien chauffer votre jus dans lequel vous aurez délayé une bonne cuillère à café de Liebig ou de glace de viande, versez bouillant sur votre pain, et mettez au four à gratiner. Ce potage doit être assez relevé de poivre et bien salé.

A la Saint-Luc fais ton emblavure, c'est le meilleur truc pour qu'elle ait bonne allure.

Potage miroir. — Prenez des alouettes plumées et vidées, flambez-les soigneusement et faites-les revenir dans du beurre avec sel et poivre. Enlevez toute la chair avec la pointe d'un couteau, puis avec les petits os faites un bon jus. Faites une crème de riz avec de la farine de riz, à raison d'une cuillerée à café par personne, délayez bien et allongez de bouillon ou d'eau salée et beurrée à défaut de bouillon. Ajoutez le jus de vos os, et au moment de servir, mettez la chair de vos alouettes dans ce potage, en y ajoutant quelques gouttes de jus de citron, servez chaud et si vous le voulez, accompagnez de petits triangles minuscules en pâte feuilletée.

Potage de Rosina. — Prenez du bon bouillon, à raison de deux tasses par personne, mettez-le chauffer dans une casserole de cuivre étamée; lorsqu'il bout versez dedans, en pluie, de la chapelure de croûte de pain, très fine et bien dorée, tournez sans cesse jusqu'à ce que votre potage épaississe comme un velouté. Dans votre soupière cassez deux jaunes d'œuf, ajoutez un rien de poivre et délayez votre potage avec ces jaunes d'œuf sans laisser cuire; servir brûlant accompagné de fromage râpé.

Notre siècle est gourmand, on peut blâmer son goût
On fronde les dîners, mais on dîne partout.

DELAVIGNE.

Soupe Pavèse. — Prenez du bon bouillon, de poule de préférence, taillez dans une tasse, une petite soupière, un récipient quelconque, un par personne, du pain grillé que vous saupoudrerez fortement de fromage râpé, par moitié gruyère et parmesan, dans votre bouillon bouillant faites pocher un œuf par personne et versez sur votre pain en ayant soin de ne pas crever l'œuf en le faisant glisser. Mettre à l'entrée du four quelques minutes pour que le pain gonfle bien, servir très chaud, bien assaisonner, ce potage demandant d'être relevé.

A la Saint-Georges, sème tes orges.

Potage des muses. — Prenez pour quatre personnes un litre et demi de lait, salez-le légèrement et faites-le bouillir. Coupez des tranches de pain très minces et beurrez-les. Mettez-les dans une soupière et versez dessus votre lait bouillant. Au moment d'apporter votre potage à table ajoutez-y une vingtaine de crevettes épluchées, des roses de préférence.

Potage Pompadour. — Faites cuire à part, et à cuisson faite, passez au tamis des haricots blancs pour en obtenir une purée. Dans une marmite mettez la quantité d'eau voulue suivant le nombre de convives. Ajoutez-y trois ou quatre belles tomates et autant de grosses pommes de terre farineuse, un ou deux poireaux, vos haricots passés, un bouquet de persil, un pied de veau, sel et poivre. Laissez bouillir et réduire doucement pendant plusieurs heures sur le coin de votre fourneau. Au moment de servir, passez le tout au tamis en ajoutant un bon morceau de beurre frais au potage passé. Si par hasard la purée obtenue n'était pas assez épaisse, ajoutez quelques perles du Japon.

C'est un principe avoué et reconnu par tous les gourmets dignes de ce titre que l'on ne saurait bien manger ni bien boire lorsqu'on mange seul.

Potage vénitien. — Mettez dans une assiette creuse, trois cuillerées à café de farine de gruau, 100 grammes de gruyère râpé et 50 grammes de parmesan râpé, deux jaunes d'œuf, sel et poivre, délayez tout cela ensemble en ajoutant, si besoin, un peu de lait froid pour obtenir une pâte qui se déroule en ruban en tombant.

Dans deux litres de bon bouillon bouillant laissez peu à peu tomber cette pâte à travers une passoire à très gros trous, ou à défaut en en laissant tomber très peu à la fois, par parcelles, ou encore par un entonnoir à petit goulot en coupant le fil de temps en temps avec le couteau. Servir très chaud.

A   bon   vin,   bon   latin.

Consommé Belle Perdrix. — Mettez dans une casserole un verre et demi d'eau, une pincée de sel, 200 grammes de beurre et portez à l'ébullition. Retirez et incorporez rapidement en tournant très fort 250 grammes de farine de gruau. Remettez à feu vif en continuant à remuer jusqu'à ce que la pâte soit bien desséchée et qu'elle se décolle facilement de la

casserole. Ajoutez alors six œufs, un par un, et travaillant chaque fois la pâte après qu'on y a mis un
œuf. Il faut que la pâte soit très lisse. Couchez cette
pâte en macarons sur une plaque beurrée, dorez avec
de l'œuf et faites cuire à four doux. Lorsqu'ils sont
cuits et refroidis, faites en dessous une petite ouverture pour y introduire la composition suivante. Pilez
un morceau de foie gras avec environ le tiers de son
poids de beurre et une grosse cuillerée de sauce
béchamel, passez au tamis, garnissez.

Ayez un bon bouillon que vous liez avec un peu
de tapioca et dans lequel vous jetterez quelques cuillerées de cerfeuil haché.

Servez avec une bonne assiettée de vos profite-
rolles au foie gras.

*Manger peu et souvent c'est bien plus profitable que de manger
rarement et beaucoup à la fois.*   RASPAIL.

Soupe aux poissons de mer. — Prenez environ
quatre livres de poisson bien frais choisi comme suit :
une tête de congre noir de deux livres environ, ou à
défaut, une tranche poids de ce poisson, une ou plusieurs petites pielles, une livre environ, des petits
prêtres, une loche ou deux et tout autre poisson
commun à grosses écailles ; nettoyez, videz et lavez
à l'eau fraîche.

Préparez un roux blond dans lequel on fait revenir
des fines herbes, oseille, persil, cerfeuil, cresson de
jardin, oignon, ail, etc.; mouiller quand les herbes
sont cuites, mettre le poisson et le couvrir d'eau.

Ajouter sel, poivre, safran ou poivre de Cayenne et quatre cuillerées à bouche d'huile d'olive, laisser bouillir jusqu'à cuisson complète.

Couper des tranches de pain dans une soupière et passer dessus le bouillon. Le poisson peut être mangé à la vinaigrette ou à toute autre sauce convenable.

Calcule-t-on jamais avec l'appétit et la gourmandise?

Minestrone de la bonne grand'-mère. — Mettez dans une marmite un bon morceau de beurre et quelques morceaux de poitrine de lard salée hachée très fin; faites revenir avec un oignon coupé par morceaux, ajoutez de l'eau, sel et poivre, quatre grosses pommes de terre farineuses, des feuilles de blettes hachées avec du persil, une carotte, un poireau, ajoutez des haricots en grain frais, une tomate coupée par morceaux, deux ou trois feuilles de basilic et de sauge, laissez cuire; écrasez les pommes de terre, la tomate, etc., grossièrement avec une fourchette, remettez sur le feu, ajoutez une grande cuillerée d'huile d'olive, une cuillerée à café de conserve de purée de tomates délayées, assurez-vous que la soupe est à point, et ajoutez enfin une poignée de riz lavé et trié par personne plus une, laissez cuire le riz vingt minutes. Ce minestrone doit être un peu consistant, servez-le avec un bon ravier de fromage râpé.

Un vrai gourmet se distingue à ce qu'il mange son potage tou-ours bouillant et son café brûlant.

ŒUFS

Omelette à la Georges Sand. *Recette communiquée par une paysanne berrichonne.* — Prenez
75 grammes de très bon chocolat et faites le fondre
dans très peu de lait; lorsqu'il est bien crémeux,
laissez-le refroidir. Prenez de nouveau 75 grammes
de chocolat et faites de même dans de l'eau et de
façon à ce qu'il soit plus liquide. Laissez épaissir
sans trop bouillir, puis lorsque votre sauce semble
assez onctueuse, ajoutez du beurre par petits fragments, environ 30 grammes.

Presque au moment de servir, prenez 6 jaunes
d'œufs, mettez-les dans une terrine avec votre première sauce et une cuillerée à café de sucre en poudre.
Ajoutez une grande cuillerée de crème double. Battez
bien ce mélange et ajoutez-y en battant toujours vos
6 blancs d'œufs en neige très ferme.

Dans une grande poêle, faites fondre blanc un bon
morceau de beurre fin, jetez-y vos œufs, le mélange
doit être cuit rapidement afin que vos blancs ne
retombent pas. Lorsque l'omelette est presque cuite,
c'est-à-dire entièrement prise, mais baveuse, roulez-la
sur un plat, glacez-la avec votre seconde sauce tenue
au chaud et parsemez sur la glace quelques pralines

écrasées ou quelques noisettes grillées râpées. Servez très chaud dans des assiettes chaudes.

Avril est un mois tout d'espérance.

Œufs brouillés à la de Monzie. — Battez des œufs à raison d'un par personne et lorsque le mélange est bien amalgamé ajoutez de petites noisettes de beurre. Dans une pièce mettez un autre morceau de beurre que vous ferez fondre blanc bien chaud, mettez-y vos œufs en remuant constamment; à mi-cuisson ajoutez sel, poivre de Cayenne, (une pincée) et trois bonnes cuillerées de crème fraîche.

Retirez du feu lorsque c'est encore baveux et servez en ajoutant, sans faire recuire, des rondelles de truffes cuites et des queues d'écrevisses.

Œufs Cupidon. — Préparez de petites tartelettes en pâte à tarte. Garnissez-les de blancs d'œufs durs coupés en dés, de crevettes épluchées, placez le jaune entier au milieu, nappez d'une mayonnaise aux câpres,

La bouche pleine ose-t-on chanter l'amour qui vit de rien?

Œufs Ranelagh. — Faites de petites tartelettes de pâte à tarte feuilletée. Prenez des œufs durs, coupez-les en deux dans le sens de la largeur. Renverser chaque moitié d'œuf sur votre tartelette. Ayez

de la mousse de foie gras, mêlez-en une partie avec la seconde moitié de vos œufs hachés très fins; une prise de sel et une de poivre. Remplissez le vide de vos tartelettes et nappez le tout d'une sauce mayonnaise au citron.

Œufs frits Mont Dore. — Faites frire des œufs dans de la bonne huile. Dressez-les en couronne sur un plat, en mettant entre chaque œuf une tranche de jambon et un anchois passé au beurre. Faites cuire au beurre des tomates fraîches avec une pointe d'ail et du persil haché, passez le tout au tamis fin pour obtenir une purée compacte. Garnissez le milieu de votre plat avec cette purée et servez très chaud.

Œufs Julia. — Faites rôtir au beurre 6 croûtons de pain. Posez sur chacun un œuf poché dans l'eau très vinaigrée. Faites une béchamelle légère teintée de rose par l'addition d'un peu de purée de tomates concentrée, sel, poivre, un grain de cayenne. Nappez ces œufs avec votre sauce, décorez chaque œuf d'une crevette épluchée ou d'une queue de langoustine et servez très chaud.

Œufs Princesse Régina. — Prenez 4 jaunes d'œufs et un demi-litre de lait; faites une crème non sucrée.

Prenez 150 grammes de champignons, coupez-les finement et faites-les revenir au beurre, ensuite ajoutez une goutte de porto sec et un peu de cognac. Ajoutez-les à la crème ainsi que vos 4 blancs battus en neige. Cuisez à four chaud pendant un petit quart d'heure.

Frittata (*Omelette italienne*). — Mettez à tremper de la mie de pain dans du lait, ajoutez-y 60 grammes de fromage râpé, du sel et du poivre, 5 œufs bien battus à la fourchette et deux cuillerées à bouche de Marsala. Battez bien de nouveau. Dans une poêle mettez de l'huile d'olives et lorsqu'elle bout versez-y votre mélange. Quand votre omelette est prise d'un côté, retournez-la de l'autre et laissez cuire encore une ou deux minutes. On la sert généralement avec des légumes verts en salade.

Aux petits des oiseaux Dieu donne la pâture
Et sa bonté s'arrête à la littérature.

Œufs Alassio. — Formez une pâte avec trois jaunes d'œufs, 50 grammes de gruyère râpé, sel et poivre et battez fortement. Dans de la mie de pain rassis, coupez des tartines de façon à découper ensuite, avec un verre des rondelles. Beurrez chacune d'elle avec un peu de pâte préparée d'abord. Salez légèrement les blancs d'œufs et montez-les en neige en petit monticule sur chaque rondelle. Déposez avec précaution chacune de ces rondelles dans de la friture bouillante. Lorsque le pain aura pris une belle couleur dorée, retirez les tartines, le blanc qui sera resté au-dessus de la friture aura cuit sans prendre couleur. On peut décorer chaque petit monticule d'une rondelle de cornichons, de betterave, ou autre.

Fondue aux Œufs. — Cassez 4 œufs dans un bol, ajoutez un tiers du poids des œufs de fromage de gruyère coupé en lamelles minces, un sixième du poids des œufs de beurre coupé en petits morceaux, un peu de sel, un peu de poivre.

Tournez le mélange sans le battre, versez le tout dans une casserole et faites cuire à feu doux en tournant sans arrêt avec une cuillère de bois.

Lorsque le mélange épaissit, retirez du feu, tournez encore un instant que tout soit bien fondu, puis versez dans un plat très chaud et mangez sur assiettes chaudes.

Rien ne doit déranger l'honnête homme qui dîne !
BERCHOUX.

Œufs Cendrillon. — Faites durcir des œufs, écaillez-les et, par une ouverture pratiquée sur un des bouts de l'œuf, extrayez-en le jaune à l'aide d'un petit crochet sans abîmer l'intérieur. Prenez une boîte de purée de foie gras à sandwich, quelques épluchures de truffes et les jaunes d'œufs écrasés. Remplissez vos œufs de ce mélange, refermez-les en remettant le petit rond enlevé. Posez sur un carré de pâte feuilletée chaque œuf et enfermez-le en relevant les quatre coins de votre pâte que vous tortillerez ensemble. Posez les œufs ainsi préparés sur une plaque, dorez-les au jaune d'œuf et faites cuire au four bien chaud. Dressez sur une serviette et servez avec une sauce béarnaise, une sauce tomate, une sauce périgueux ou autre.

Mai est le mois chéri des amoureux et des gourmands.

Petites omelettes romaines. — Mettez dans une terrine une bonne cuillerée à bouche de farine de gruau, que vous délayerez avec du lait ; salez et poivrez. Cassez dedans des œufs frais, à raison d'un par personne, et battez bien au fouet jusqu'à ce que l'appareil devienne mousseux.

Prenez une poêle beurrée, laissez tomber dedans, lorsque le beurre est fondu bien chaud, une cuillerée de votre mélange, et étalez comme pour faire une crêpe. Lorsqu'elle est cuite du premier côté (il faut quelques secondes), parsemez de fromage râpé et placez au milieu en formant un petit bourrelet allongé, tout ce que vous aurez préparé pour farcir. Des restes de viandes hachées et passés au beurre, de la cervelle et des champignons hachés, des épinards préparés au beurre, des foies de volailles, du foie gras, n'importe quoi de bon pour farcir. Roulez votre omelette comme une crêpe, et posez-la sur un plat : faites autant d'omelettes que vous pourrez et rangez-les à côté les unes des autres. Une fois terminé, saupoudrez abondamment de fromage râpé et de beurre, et versez dessus une sauce tomate liquide. Passez au four chaud trois à quatre minutes.

Les animaux se repaissent, l'homme mange, l'homme d'esprit seul sait manger.

Lasagnes d'Œufs. — Prenez une terrine, mettez-y une bonne cuillerée à bouche de farine, une de crème fraîche et délayez avec du lait. Cassez dedans, à raison d'un œuf par personne, autant d'œufs que vous désirerez. Salez, poivrez.

Faites avec ce mélange des crêpes aussi fines que

vous pourrez et placez-les l'une sur l'autre sur une assiette à plat. Laissez refroidir.

Préparez une bonne béchamelle à la crème dans laquelle vous ajouterez des crevettes épluchées et des champignons hachés.

Coupez vos crêpes refroidies comme des lasagnes c'est-à-dire en rubans d'un demi-centimètre d'épaisseur. Avec le bout d'une fourchette détachez-les les uns des autres, légérement, sans les rompre.

Prenez un plat allant au four, mettez dans le fond une très légère couche de beurre fondu et mettez un rang de lasagne, un rang de béchamelle, un rang de parmesan; remplissez ainsi votre plat en alternant. Saupoudrez de chapelure, versez dessus un peu de beurre fondu et mettez au four à gratiner.

Un dîner sans façon est une perfidie !

BERCHOUX.

ENTRÉES ET RÔTIS

Caprices de Stella. — Ils ouvrent le déjeuner. Pour 6 personnes, prenez 4 blancs d'œufs (agréable moyen d'utiliser les blancs qui ont été séparés de leur jaune pour une crème ou une mayonnaise). Vous les battez en neige dure. N'oubliez pas une pincée de sel, s'il vous plaît, si vous voulez les durcir plus facilement. Vous incorporez à cette neige autant de fromage râpé, — gruyère ou parmesan, — qu'elle peut en absorber. Avec une cuiller vous faites des boulettes, quand ce mélange est bien consistant, vous les passez dans la panure et les jetez dans la friture chaude. Elles gonflent, dorent et ne font qu'un saut sur la table, où, je vous l'assure, moi aussi, — fait notre amateur cordon bleu, — le plat sera redemandé plusieurs fois.

Croque-Monsieur. — Prenez un pain de mie rassis et coupez-le en tranches très minces que vous partagez en deux. Beurrez-les et sur chacune d'elles, posez une fine lame de gruyère. Assemblez ces deux moitiés de pain, le pain sec en dehors et les morceaux de gruyère séparés par une tranche fine de jambon. Ficelez à l'aide de gros coton ces sortes de sandwichs et faites revenir à la poêle dans du beurre bien chaud.

Le pain doit donner l'aspect des croûtons frits au beurre et le fromage en fondant les a bien soudés. Coupez l'attache, servez-les dressés bien chauds sur une serviette posée au fond d'un plat.

Bonne mánière de ne pas gaspiller le pain rassis.

Quenelles corail (*riz de veau et fruits japonais*). — Faire un riz de veau au court-bouillon; aromates, estragon, oignon; retirer demi cuit, hacher fin, faire de *grosses* quenelles avec fécule, champignon au choix; faire une sauce aromatisée aux tomates, carottes, boules japonaises, glace viande, vin blanc, pointe d'ail. Passer à l'étamine, faire mijoter quelque temps dans la sauce au bain-marie; faire revenir un peu de lard dans la sauce; servir chaque quenelle sur un morceau de pain grillé au beurre. Zeste de citron dans la sauce.

Le panillac boulangère de l'âne rouge. — Le panillac est un jeune agneau de Bordeaux; sa chair est blanche comme celle d'une belle poularde de Bresse. Le découper de la façon suivante, selon le nombre des convives, faire 2 gigotos, 2 épaules, 2 carrés, 1 selle.

Prendre un plat à rôtir, bien le beurrer avec le beurre des Charentes, y placer des pommes de terre de Hollande première qualité, coupées en liard; faire cuire au four, saler, poivrer; quand les pommes auront pris une couleur dorée les retourner avec une cuiller plate de 10 centimètres de large; les pommes étant au fond du plat au bout de vingt-cinq minutes sont attachées les unes aux autres et sont très croustillantes, ce qui permet à celles qui sont sur le dessus de devenir semblables.

Pendant ce temps, vous aurez mis à rôtir votre gigot et vous le poserez ensuite, sur votre plat de pommes de terre. Il y déposera son suc pour finir. Ensuite vous ferez un beurre noisette que vous verserez dessus au moment de servir. Servir brûlant.

Bœuf à la manière des marins *(Sjömansbiff)*. — Couper un morceau de bœuf (environ un demi kilo) en tranches minces. Bien beurrer le fond d'un plat à gratin assez profond. Y mettre une couche de pommes de terre cuites coupées en rondelles d'un centimètre d'épaisseur; saupoudrer de sel. Ensuite, une couche de viande, d'oignons roussis, poivre, sel. Ensuite encore une couche de pommes de terre, et ainsi de suite. La couche supérieure est de pommes de terre. Couvrir de chapelure; y poser de petits morceaux de beurre. Verser dessus du bouillon, mélangé avec des restes de sauces, jusqu'à la hauteur de la couche supérieure. Laisser cuire au four pendant quarante-cinq minutes à une heure, la moitié du temps sans couvercle.

Rognons de la princesse. — Un peu avant l'heure de se mettre à table, je laisse mes invités savourer leurs cocktails et je file à la cuisine. Me voici devant trois poêles à frire. Dans l'une mijotent des oignons coupés en feuilles, dans l'autre des champignons émincés, dans la troisième, je fais sauter mes rognons de mouton et de veau mélangés et coupés en fines tranches. Je les arrose d'un verre de vin blanc sec et je les fais sauter. J'ajoute ensuite un verre de porto puis un peu de cognac et je fais sauter encore. Une liaison de farine, je donne un tour et dans le plat garni de croûtons passés au beurre je glisse les rognons, que je nappe avec mes oignons bien cuits, j'ajoute mes champignons, et seulement alors je sale et je poivre. Saler à tout autre moment ferait durcir les rognons qui doivent rester onctueux. Le mélange des vins donne une saveur très variée à ce plat qui demande dix minutes de préparation.

Saucisson salé à la Clélia. — Faites une pâte feuilletée avec environ 300 grammes de farine, 100 grammes de saindoux, une pincée de sel, et la quantité d'eau nécessaire pour délayer la pâte. Étendez-la et recouvrez-la de chair à saucisse dans laquelle vous aurez mélangé un peu de mie de pain trempée dans du lait, un œuf entier et 30 grammes de parmesan râpé, une pincée de sel. Lorsque votre chair est bien égalisée partout, roulez votre pâte en forme de saucisson et faites-la cuire au four à feu très doux sur une plaque bien beurrée et recouverte d'un papier huilé pour qu'elle ne dore pas trop vite. Se mange chaud, coupé en tranche comme un gros saucisson.

Poulet à la Napolitaine. — Prenez un jeune poulet bien gras et enveloppez-le d'une bande ou deux de bacon, faites-le rôtir au four sans l'arroser. Lorsqu'il est cuit à point découpez-le par morceaux suivant la tradition. Posez les bons morceaux, ailes, cuisses, blanc, dans un plat allant au four, arrosez avec le jus de votre poulet. Recouvrez le tout de mie de pain émiettée et de fromage de gruyère râpé. De bonnes noisettes de beurre fin ici et là sur le plat, mettez à gratiner au four quelques minutes jusqu'à ce que ce soit bien doré.

Pieds de mouton Clélia. — Faire cuire à l'eau salée pendant environ trois heures des pieds de mouton, dont vous aurez enlevé le gros os. Lorsqu'ils sont bien cuits et se détachent bien des os, placez dans une sauteuse avec un bon morceau de poitrine maigre de porc hachée et un peu d'huile, faites revenir et lorsqu'ils sont dorés ajoutez du gruyère et du parmesan râpé. Faites à part un hachis avec des champignons, de la mie de pain rassis trempée dans du lait ou du bouillon, un peu de persil et une échalote, maniez tout cela avec 60 grammes de beurre. Garnir le fond d'un plat allant au four avec la moitié de cette farce, y mettre les pieds de moutons et recouvrir avec le reste de la farce. Mouillez avec du bon bouillon ou un bon jus de rôti. Saupoudrez de chapelure et de fromage râpé, noisettes de beurre sur le plat et au four doux pendant une demi-heure.

Poulet au verjus. — Prenez un jeune poulet, coupez-le par morceaux et faites-le revenir dans un bon morceau de beurre. Sel, poivre, une branche de persil; prenez d'autre part des grappes de raisin vert et extrayez-en le jus jusqu'à en obtenir un verre à madère. Faites une liaison de farine au jus de votre poulet et allongez avec le verjus presque à cuisson complète pour ne pas trop laisser cuire le verjus. Servez entouré de branches de persil frit et de petits croûtons; la sauce doit être onctueuse, et assez abondante.

Le premier être humain qui eut l'heureuse idée d'approcher de la flamme de son foyer, un morceau de viande destinée à son repas, ne fut-il pas le premier Vatel ?

Veau à la polonaise. — Coupez en tranches un rôti de veau pas trop cuit, rangez-les dans un plat allant au four en intercalant entre chacune d'elles une tranche de jambon. Mettez autour du plat la cuisson du rôti. Faites une béchamelle très épaisse dans laquelle vous mélangerez un jaune d'œuf et avant de la verser sur les tranches préparées saupoudrez-les abondamment de gruyère et parmesan râpé. Quand la sauce sera bien nappée remettez à nouveau du gruyère et parmesan râpé avant de faire gratiner quelques minutes votre plat au four. Servez très chaud.

Veau à l'estragon. — Prenez du tendron ou de la poitrine de veau, une livre pour quatre personnes environ, coupez-le par morceaux et faites-le revenir avec un oignon coupé par morceaux; lorsqu'il est blond doré ajoutez une liaison de farine, dont vous ferez une sauce tenue, en allongeant avec du bouillon ou simplement de l'eau et un peu de jus de viande; salez, poivrez, mettez un bouquet garni. Au moment de servir hachez une bonne petite poignée d'estragon et joignez-le dans la sauce, un seul bouillon et servez très chaud.

Fritto misto. — Prenez une corée d'agneau, c'est-à-dire foie, mou, cœur, etc., nettoyez bien, enlevez les déchets, coupez en petits morceaux minces; roulez dans la farine, puis dans l'œuf et faites frire au beurre, bien cuit, mais pas sec; prenez des rondelles de courgettes, des tomates en morceaux épépinés, et faites cuire de même, puis quelques tranches de bacon très minces frites également et quelques morceaux de cèpes; lorsque tout cela est bien cuit et bien égoutté sur un buvard ou une serviette, dressez en pyramide en alternant vos différents morceaux et servez avec un citron; il faut manger cela bouillant.

Juin a les plus beaux ornements décoratifs de la table avec ses fruits rouges, cerises brillantes, odorantes fraises, jolies groseilles, framboises parfumées.

Beefsteaks à la diable. — Prenez de la viande de bœuf hachée, 500 grammes pour 4 personnes. Mettez-la dans un récipient avec sel, poivre, 100 grammes de fromage râpé, moitié gruyère, moitié parmesan, un œuf entier et 100 grammes de crème épaisse; malaxez bien le tout, prenez-en une petite partie, aplatissez-la comme une saucisse plate, peu épaisse, saupoudrez encore légèrement de fromage dont vous aurez gardé une petite partie en réserve, puis mettez un bon morceau de beurre et recouvrez d'une seconde petite saucisse plate de votre mélange, adhérant bien à la première; recommencez l'opération jusqu'à la fin de votre provision. Ranger dans un plat allant au four, mettez une nouvelle petite noisette de beurre sur chaque petite galette, un peu de bouillon ou d'eau dans le fond de votre plat et cuisez dix à douze minutes à four très chaud. Ces beefsteaks ne doivent pas être servis saignants, mais non plus trop desséchés, il faut qu'ils soient saisis. On peut aussi placer chaque beefsteak sur un petit morceau de pain frit au beurre. Bien arroser pendant la cuisson.

A table l'érudition ne saurait être qu'importune.

Poulet rôti (*Recette de la bonne grand'mère*). — Prenez un beau poulet tendre, parez-le, videz-le et attachez soigneusement les ailes et les pattes pour le mettre au four ou à la broche. Avec la barbe d'une plume induisez-le complètement d'huile d'olive, salez et poivrez. Mettez à la broche avec un verre de marsala dans la léchefrite et arrosez-le souvent, et à la fin, dans la sauce, ajoutez quelques truffes coupées en lamelles.

Rien n'est plus succulent qu'un poulet de grain gras comme un bon chanoine.

Faisan en bellevue (*recette dédiée à Monsieur Gaston Dérys*). — Ayez deux belles bécasses bien fraîches, retirez-en les chairs et pilez-les avec de la poitrine de lard grasse et maigre ; salez, poivrez, ajoutez des truffes en rondelles. Prenez un beau faisan, préparez-le et remplissez-le de cette farce. Cousez-le.

Ayant mis de côté l'intérieur des bécasses, les foies et le foie du faisan, pilez-les avec des truffes hachées, un peu de lard gras et de la langue écarlate ; ajoutez un bon morceau de beurre et assaisonnez assez fortement.

Coupez dans du pain rassis de très longues et très larges tartines et beurrez-les copieusement de cette farce passée au tamis.

Mettez votre faisan à la broche, placez vos tartines dessous afin qu'elles s'imprègnent de tout le jus qui en sortira. A cuisson faite, servez votre faisan sur ces tartines (deux suffisent) en le décorant d'une aiguillette garnie de demi-citrons découpés en dents, d'une tomate, d'un radis, d'une fleur, ce qui fera le plus bel effet à votre goût et accompagné d'une salade de laitue.

La pluie de Saint-Médard fait le bonheur des canards.

Poulet à l'anglaise. — Choisissez un jeune poulet coupez-le par morceaux, faites-le bien dorer et cuire rapidement dans une poêle avec un bon morceau de beurre. A cuisson presque complète ajoutez une cuillèrée à café de crème de riz pour faire une liaison avec le jus de la cuisson et une petite quantité de bouillon ou d'eau ; salez et poivrez.

Dans un plat, mettez 3 jaunes d'œufs et exprimez dessus le jus de 2 citrons en enlevant les pépins avec soin. Mélangez bien et versez dessus votre poulet très chaud car il ne faut plus le remettre sur le feu, remuez à nouveau pour que vos morceaux de poulet soient bien imbibés de la sauce. Servez avec des croûtons frits pour décorer votre plat.

Tous les arts sont conviés à parer et à embellir les repas.

Poulet à l'espagnole. — Prenez un jeune poulet bien tendre, faites-le revenir dans une cocotte avec 3 cuillerées de bonne huile d'olives et un bon morceau de beurre fin. Ajoutez 3 ou 4 oignons et autant d'écha-lotes hachés très fin, sel, poivre, bouquet garni, 2 ou 3 tomates fraîches coupées en morceaux ou de la purée concentrée et délayée dans un peu de bouillon, une bonne pincée de safran. Mouillez avec un verre de vin blanc sec, un peu de bouillon, de façon qu'il y ait assez de jus pour faire cuire dedans 250 grammes de riz. Faites une couronne de votre riz, sur un plat, et au milieu placez votre poulet bien dressé.

Poulet en Pudding *(Recette Irlandaise)*. — Faites une pâte avec 4 tasses à thé de farine, deux cuillères à soupe de poudre à pâtisserie ou une cuillère de crème de tartre et bicarbonate de soude mélangés; une tasse de beurre fondu blanc et une pincée de sel. Roulez la pâte d'environ un demi-centimètre d'épaisseur. Prenez un linge de toile solide, mouillez-le et enfarinez-le, puis mettez-le dans un moule creux afin qu'il en prenne la forme. Placez une assiette épaisse au fond. Garnissez le linge et par conséquent le moule avec votre pâte, puis remplissez avec du poulet cuit haché en petits morceaux. Saupoudrez de farine légèrement, puis de sel et de poivre suivant le goût. Ajoutez gros comme un œuf de beurre. Attachez le linge bien serré et plongez le poudding dans de l'eau bouillante en laissant bouillir environ deux heures et demie. La cuisson achevée, débarrassez le pudding du linge qui l'enveloppait et posez-le sur un plat. Enlevez sur le dessus un morceau de pâte de forme ronde et versez environ une bonne tasse de consommé réduit bouillant, en dégageant un peu le poulet avec la lame d'un couteau pour que le consommé pénètre bien et servez très chaud.

Le voisin de table d'une jolie femme doit être poli pendant les premiers plats, galant aux rôtis, pressant et tendre au dessert.

Cailles Saint Mammès. — Prenez de belles et bonnes cailles bien dodues, videz-les avec soin, introduisez dedans en tartinant une légère petite couche de farce blanche truffée. Placez ensuite un petit morceau de foie gras cru ou de conserve et un morceau de truffe. Le tout bien assaisonné, sel, poivre, 4 épices et quelques gouttes de bon madère. Entourez votre caille d'une barde de lard. Beurrez un papier blanc et enveloppez dedans votre caille. Cuisez sous la cendre environ une demi-heure à feu régulier dans une petite casserole fermée couvertes de cendres bien chaudes dessus et dessous et placée dans un four bien chaud. Au moment de servir retirez le papier beurré, la barde, placez vos cailles sur un plat, et arrosez-les de la sauce dégraissée dans laquelle vous aurez ajouté quelques pelures de truffes.

On peut placer chaque caille sur un croûton frit, et décorer le plat de rondelles de citron et de persil.

C'est en juillet que nos amies les cailles délicates viennent s'offrir à nous.

Salmis de canard. — Faites rôtir un canard avec quelques tranches de pain dessous. Laissez refroidir, coupez en morceaux, hachez la carcasse, les parures et le foie avec un morceau de beurre. Faites revenir avec huile ou beurre un oignon émincé; ajoutez échalottes, poivre, laurier et aromates; mouillez de vin et autant de bouillon; faites réduire de moitié, cuisez vingt minutes, passez la sauce au tamis. Remettez les morceaux dans la sauce, chauffez sans faire bouillir, arrosez d'un jus de citron. Dressez sur un plat avec croûtons frits et tranches de citron. Préparez ainsi *alouette, bécasses* et *perdreaux*.

Poularde surprise. — Désossez l'estomac d'une belle volaille, bourrez-la avec la farce suivante :

Une truffe fraîche pilée, un filet de volaille, puis un foie gras cru ; assaisonnez, passez au tamis et emplissez la poularde ; bien la coudre ; enveloppez dans une mousseline comme une galantine, et faites cuire une heure et demie dans une cuisson composée d'une demi-bouteille de champagne sec et de bons fonds de poulet ; la laisser refroidir dans cette sauce ; servez dans une coupe de cristal ou plat creux, dans la cuisson clarifiée en gelée.

Dans un dîner, l'ordre doit être comme les décors de l'Opéra, dont l'effet charme et dont on ne voit pas les ficelles.

Canard de Rouen. — Prenez un beau rouennais que vous faites cuire pendant vingt-cinq minutes. Retirez-le, et laissez-le refroidir complètement. Enlevez-en les deux suprêmes ; dans chacun d'eux faites 6 ou 7 aiguillettes ; coupez la carcasse en le laissant entièrement à découvert ; moulez un beau parfait de foies gras, auquel vous donnerez la forme de l'estomac du canard ; placez votre parfait dans la carcasse ; ajoutez-y vos aiguillettes par-dessus. Nappez-le d'une sauce chaud-froid très légère, dressez-le sur un plat, décorez avec quelques quartiers d'oranges et têtes d'asperges vertes ; un peu de gelée hachée ; le tenir autant que possible sur la glace jusqu'au moment de servir.

L'été, quand il n'y a plus de foies gras frais, on peut remplacer le parfait par une mousse de foies gras très ferme.

La « Dodine ». — Il faut premièrement cuire un canard, en le tenant vert-cuit, c'est-à-dire très saignant, le laisser refroidir à moitié et enlever les deux côtés de la poitrine qu'on tiendra en réserve dans un plat couvert. Puis on pile vivement la carcasse du canard.

Dans une casserole, cependant, on verse deux grands verres de chambertin, deux petits verres de cognac, deux échalotes hachées, une pincée de poivre mignonnette, un peu de muscade râpée et une petite feuille de laurier. On fait bouillir à grand feu quelques minutes, on ajoute les carcasses pilées et le tiers d'un litre de bonne demi-glace au fond de veau. On passe. On fait bouillir à nouveau pour terminer par une cuillerée de beurre fin.

On a préparé un fin ragoût de têtes de champignons frais rissolés au beurre et de lamettes de truffes noires. Au moment de servir, dresser dans une terrine chaude les poitrines de canards que l'on aura escalopées. On verse au-dessus le ragoût.

Il suffira de servir chaud, accompagné d'une bouteille de vin de Bourgogne.

Toute phrase commencée doit être suspendue lorsque les garçons viennent vous présenter un beau plat.

Poulet à la Fleuret. — Prenez votre poulet, découpez-le, faites en sauter les morceaux dans un peu d'huile d'olive. Une fois revenus, jetez-les dans une cocotte en fonte, avec du thym, du romarin, de la coriandre, du raz-el-hanout, tomate, du zeste de citron, un peu de zeste d'orange, assez de paprika, ajoutez persil, laurier, plusieurs oignons, ail et échalote en suffisance. Mouillez avec les trois quarts d'une bonne bouteille de vin blanc. Ajoutez avant de servir une garniture de champignons, préalablement cuits; goûtez si votre poulet est de bon sel et bien relevé. Vous le laisserez cuire à petit feu environ deux heures.

On peut à volonté ajouter à cette préparation des olives noires du Cap d'ail, et des raisins de Malaga. Ce poulet est une merveille de saveur.

Le coq en pâte. — Vous faites dorer au four un coq ou mieux un chapon fin, après l'avoir farci d'une chair mêlée de truffes. Vous préparez votre moule à pâté, garni d'une fine pâte à tarte, et vous couchez le beau coq dans ce gentil monument. Afin qu'il ne ballotte ni ne dessèche à la cuisson, vous bourrez autour de lui force farce truffée et vous mettez au four à cuire doucement pendant une heure et demie. Quand vous démoulez le pâté, vous avez devant vous un plat admirable et d'une odeur si délicate qu'il n'est appétit qui ne s'ouvre à le respirer.

Pieds de veau en bas de soie. — Faites cuire au court bouillon des pieds de veau et dessossez-les, laissez-les faire un nouveau bouillon dans le jus où ils ont cuit en y ajoutant un verre de bon vinaigre, Égouttez sur un plat et laissez refroidir jusqu'au lendemain. Coupez par petits morceaux carrés de six à huit centimètres tout le contenu de votre plat.

Roulez vos morceaux d'abord dans de l'œuf battu en omelette et bien assaisonné, puis dans de la farine de gruau tamisée. Jetez dans la poêle où vous aurez du beurre bien chaud, laissez dorer doucement, servez sur une serviette entouré de persil frit et de quartiers de citron. Doit se servir avec des assiettes chaudes et le plat bouillant.

Poulet à la bonne femme. — Nettoyer et brider votre poulet ; le faire rôtir dans une cocotte en terre. A moitié de sa cuisson, vous y ajouterez un ragoût préparé ainsi. Faites fondre dans une casserole quelques lardons, dorez dans cette friture une douzaine de petits oignons, ajoutez des pommes de terre et laissez cuire à demi. Réunissez alors ce ragoût à votre poulet, assaisonnez et finissez la cuisson à feu doux. Servir le poulet dans sa cocotte entouré de ses légumes et de petits champignons ou de cèpes.

Le chagrin est très nuisible à la santé et cause grand nombre de maladies. La joie au contraire les prévient et les chasse ; elle est, suivant un proverbe arabe, la fleur de l'esprit, de la santé vive et remuante. A table, soyez toujours gai et vous digérerez bien.

Sur un axe allongé, le poulet, le canard,
Tournent emmaillottés d'un vêtement de lard.
Ils semblent s'animer et respirer encore
En cherchant et fuyant le feu qui les colore.
BERCHOUX.

Poulet à l'italienne. — Faites bien revenir votre poulet dans 60 grammes d'huile d'olive et un bon morceau de beurre. Prenez deux jaunes d'œufs et délayez-les dans un verre de vin de Marsala. Lorsque le poulet est bien doré, ajoutez peu à peu ce mélange, salez et poivrez et laissez cuire très lentement environ deux heures. Ajoutez un peu de vin blanc sec pour décoller le fond de votre casserole et servez le poulet avec la sauce passée au tamis. Accompagnez votre poulet d'épinards en branches beurrés et fromagés.

Agnollottis (*Recette de Mme Capitaui*). — Faites une pâte avec farine, sel, un peu d'eau et deux œufs. Étendez-la au rouleau aussi mince que possible. Déposez sur la moitié de cette pâte de petits paquets de hachis fait avec des restes de gigot haché, puis passé au beurre et mouillé légèrement. Lorsque ce mélange est refroidi et déposé en petits tas sur la pâte, recouvrez avec la seconde moitié, puis découpez les agnollottis avec un verre à liqueur un peu large. Pochez-les ensuite dans du bouillon ou de l'eau bouillante salée. Égouttez-les bien après vingt minutes de cuisson. Placez-les dans un plat creux allant au four dans lequel vous aurez fait fondre un bon morceau de beurre très frais. Saupoudrez ce premier rang d'agnollottis de parmesan râpé et de jus de viande, recommencez par rang. Mettez au four un bon moment pour gratiner. On peut ajouter de la sauce tomate avec le jus de viande.

Perdrix à la campagnarde. — Faites cuire doucement dans du beurre bien assaisonné, à casserole couverte, deux ou trois belles et jeunes perdrix. Cuite, posez-les sur un plat, entourez-les de choux blancs, cuits à l'eau salée et passées dans le jus de cuisson des perdrix. Garnissez vos choux de rondelles de cervellas chaud, de tranches de bacon, de petites saucisses chipolata. Servir brûlant.

C'est avec le pigeonneau que les petits pois contractent l'union la plus heureuse.

Pigeons à la crème *(recette flamande)*. — Plumez, flambez et videz deux jeunes pigeons bien tendres. Dans du bon beurre faites-les revenir et prendre couleur. Lorsqu'ils sont bien dorés, mouillez-les légèrement d'un peu de bouillon. Laissez cuire dans ce jus très lentement, environ une heure. Dix minutes avant de servir, prenez 100 grammes de crème fraîche épaisse et délayez dedans une bonne cuillère à café de farine de gruau. Ajoutez ce mélange au jus de cuisson des pigeons. Laissez mijoter quelques minutes sans bouillir sur le coin du fourneau. S'accompagne très bien de pommes de terre bien farineuses cuites en robe de chambre.

Ce qui plaît à la bouche est bon à l'estomac.

Côtelettes d'agneau Micheline. — Faites vivement sauter des côtelettes d'agneau dans du bon beurre. Placez chacune de vos côtelettes sur une tartelette de feuilletage salé et remplie d'une julienne fine composée de carottes, céleri et poivrons doux. Glacez les côtelettes avec une sauce composée de votre fond de beurre sauté, déglacé avec du Madère ou du Xérès, lié de truffes hachées ou de champignons mêlés à de la crème fraîche à défaut de truffes.

Veau à la Viking. — Préparez de très petites tranches de veau bien minces; battez-les pour les aplatir davantage encore, puis mettez-les à mariner quelques heures dans 50 grammes d'huile d'olives, le jus d'un citron, sel et poivre, et deux cuillerées à café de bonne eau-de-vie. Mettez 40 grammes de beurre dans une casserole et faites fondre doucement, puis placez dans la casserole une couche de tranches de veau que vous ferez alterner avec une couche de fromage de gruyère et parmesan râpé, la dernière couche devant être de viande. Versez dessus la marinade et faites cuire trois quarts d'heure à feu moyen.

Saint-Antoine sec et beau remplit cuves et tonneaux.

Veau thonné à la manière de Suzette. — Cuisez un kilogramme de veau, de préférence de la noix pâtissière, dans trois litres d'eau avec carottes, oignons, navets, morceaux de céleri, et laissez refroidir dans le bouillon où elle aura cuit environ deux heures. Préparez une sauce composée de trois à quatre anchois bien lavés et passés au tamis avec 45 grammes de thon mariné à l'huile, et deux cuillerées à bouche d'huile d'olives; ajoutez à cette purée le jus d'un citron, du poivre, du sel, un peu de moutarde. Amalgamez bien le tout et versez cette sauce que vous pouvez éclaircir avec une goutte de vin blanc si vous la trouvez trop épaisse, sur votre morceau de veau que vous aurez découpé en tranches minces. Il est bon de préparer ce plat la veille. Au moment de servir décorez votre plat avec des quartiers d'œufs durs, des capres, des cornichons et quelques feuilles de salade blanche.

On peut préparer ce même plat avec le veau cuit à la casserole dans son jus au lieu de le faire bouillir.

Tout s'arrange en dînant dans le siècle ou nous sommes,
Et c'est par les dîners qu'on gouverne les hommes.

Nouilles à la manière de la vieille Catherine.
— Faites cuire à l'eau salée 300 grammes de nouilles
pour six personnes. Hachez 125 grammes de jambon
ordinaire. Épluchez et hachez 125 grammes de champignons après les avoir fait blanchir cinq minutes
à l'eau bouillante. Ayez 125 grammes de gruyère
râpé. Dans un plat allant au four, mettez par couches
successives les nouilles saupoudrées de fromage râpé,
de jambon et de champignons. Salez et poivrez légèrement. Recouvrez d'une sauce béchamel au lait. Une
seconde couche identique et une troisième si c'est
nécessaire. Faites couler sur le tout une sauce tomate
un peu épaisse et des noisettes de beurre frais. Une
demi heure au four et servez très chaud.

Épis de maïs au beurre. — On fait cuire les épis
en entier en les plaçant dans une braisière ou une
sauteuse garnie d'une grille surélevée sur quatre
pieds, ou encore dans une poissonnière faute de
mieux. Mettez l'eau salée au-dessus de la grille et
fermez votre récipient; faites cuire trois quarts
d'heure environ. Lorsqu'ils sont cuits, dressez les épis
sur un plat recouvert d'une serviette et servez, avec
à part, une saucière de beurre fondu ou de jus de
viande. On peut aussi les égrener, les mettre en purée
et y mélanger du beurre et du fromage râpé. On peut
aussi faire bouillir les épis enveloppés dans leurs
feuilles pour les personnes qui ne peuvent pas les
faire cuire à la vapeur. De toutes manières ils sont
délicieux.

*Août voit mûrir pour les gourmands ces beaux fruits dont les
ardents rayons du soleil caniculaire ont développé les sucs savoureux.*

Pissaladina. — Faites prendre chez le boulanger un morceau de pâte à pain, ajoutez-y un bon morceau de beurre et étendez-la ensuite sur une épaisseur de deux centimètres. Posez cette pâte dans une tourtière en en relevant les bords comme pour une tarte. Faites cuire dans de l'huile, beaucoup d'oignons. Quand cette purée est presque cuite, mais blonde seulement, vous la verserez sur la pâte. Semez dessus des olives noires et décorez avec quelques filets d'anchois selon votre goût. Mettez dans un four bien chaud environ un quart d'heure. Ce plat se mange chaud.

Le nez est la boussole du gourmet.

Filets de jeune lapereau à la Caponi. — Détachez en entier les filets de deux lapereaux très jeunes; lardez-les avec des filets d'anchois bien dessalés, faites-les cuire au four à casserole bien couverte, avec un bon morceau de beurre et un fin hachis d'échalotes et d'oignons, du sel et du poivre. Étant cuits, dressez-les sur le plat à servir et arrosez-les avec la sauce à laquelle vous aurez ajouté un jaune d'œuf, du beurre manié de farine et un peu de vin blanc sec. Servez entouré de petits losanges de feuilletés et d'olives noires et vertes.

Chapon grand Veneur *(spécialité du Grand Veneur)*. — Dans une haute casserole, mettez un verre d'eau et un oignon émincé puis le chapon. Assaisonnez sel, poivre, du beurre, gros comme un œuf. Couvrez et mettez au four. Aux trois quarts de la cuisson retirez le couvercle pour faire prendre belle couleur au chapon. Ayez soin de toujours tenir le fond mouillé. Retirez le chapon; passez le fond dans une autre casserole en foulant les oignons pour en extraire le goût. Ajoutez de la crème, faites réduire, retirez du feu. Augmentez la sauce d'un petit verre d'Armagnac, relevez d'une légère pointe de Cayenne et liez avec des jaunes d'œufs.

Dressez le chapon sur un plat garni de fonds d'artichauds surmontés d'une escalope de foie gras. Nappez le chapon et les fonds avec la sauce et terminez la garniture en couronnant vos escalopes de foie gras d'une lame de truffes.

Lièvre à la royale (*spécialité du restaurant Bigeon*). — Le lièvre à la royale est un mets digne de la table du roi Soleil.

Désossez entièrement un lièvre, farcissez-le de foie gras, jambon, lard, truffes. Reformez-le et braisez-le soigneusement. Flambez-le à la fine champagne. Dressez votre lièvre avec une garniture de truffes et de champignons, saucez le tout avec le fond de la pièce. Servir très chaud.

La gastronomie résume toutes les poésies.

Perdrix à la Nénette. — Prenez de jeunes perdrix ou perdreaux que vous plumez, videz, flambez. Remplissez-les d'une farce faite de persil, champignons, truffes, un peu d'oignon haché du lard haché très menu, sel, poivre, un œuf entier mêlé à un peu de mie de pain trempé dans du lait.

Mettez dans une casserole, deux escalopes de veau très minces et deux fines tranches de jambon cru avec un bon morceau de beurre et un petit oignon coupé finement.

Placez vos perdrix à cuire sur ce fond de casserole en y ajoutant thym, laurier, un rien de basilic et faites cuire à petit feu. A mi-cuisson ajoutez un verre de champagne sec ou à défaut un petit verre de bonne eau-de-vie. Cuites, servez vos petites bêtes sur leur tranches de veau et jambon dans un plat chaud décoré de croûtons frits, de rondelles de citrons, et de deux ou trois écrevisses.

Perdrix duchesse. — Faites rôtir deux jeunes perdrix bien bardées de lard et bien assaisonnées et accompagnez-les de la sauce suivante :

Prenez un verre de bon bouillon, un peu d'échalote hachée finement, un bon morceau de beurre, une cuillerée d'huile d'olive fine, une poignée de chapelure, un peu de sel, mélangez bien tout cela, faites cuire, laissez réduire, au moment d'envoyer le plat et la sauce sur la table ajoutez à la sauce le jus d'une orange.

A tous prix, il faut que je mange,
Rien ne saurait m'en empêcher.
Que le Bon Dieu m'envoie un ange,
Je le plume pour l'embrocher.
                    Hégésippe MOREAU.

Carré de porc à la Rachel. — Faites mariner pendant trois jours un morceau d'échine de porc dans de l'huile, sel, poivre, persil, ail, oignon, thym, laurier et rondelles de carottes. Faites cuire au four. Servez accompagné d'une purée d'oseille, avec le jus dégraissé dans une saucière et votre plat décoré de petits croûtons frits.

Friture sicilienne. — Battez 4 œufs comme pour une omelette, ajoutez-y 125 grammes de jambon cuit et 8 saucisses que vous aurez fait cuire au préalable et dont vous retirerez la peau. Le jambon sera coupé en petits dés dans les œufs, les saucisses seront écrasées. Inutile de saler ni de poivrer, l'assaisonnement des saucisses doit suffire. Le tout bien mélangé ensemble formera une pâte épaisse. Faites-en des boulettes, pas top grosses, que vous farinerez et jetterez dans la friture très chaude. Servir sur une assiette chaude, et garnissez de branches de persil frit.

Entrée Suzette. — Faites six à huit crêpes d'œufs avec six œufs et un peu de farine délayés avec du lait froid pour former une pâte lisse et pas trop claire. Empilez-les, les unes au-dessus des autres, en plaçant entre chaque crêpe, du jambon, de la langue écarlate et des languettes de fromage de gruyère. Enfournez dix minutes à bon four. Se coupe au couteau en quartiers comme un gâteau.

Noisettes de chevreuil Dame Berthe. — Faites sauter au beurre des noisettes de chevreuil préalablement marinées. Retirez-les de la casserole; dans le même beurre faites chauffer d'épaisses lames de truffes. Retirez ces truffes et conservez-les au chaud avec les noisettes. Déglacez la casserole avec la marinade additionnée de vin de Porto, puis mouillez avec de la crème fraîche. Laissez faire quelques bouillons. Remettez les noisettes, quelques bouillons à peine et servez autant que possible dans la casserole où elles ont cuit.

Fais succéder parfois le plaisir de la gourmandise aux soucis des affaires.

Grives à la sauge. — Mettez dans une casserole des petits dés de lard maigre de façon que le fond en soit tapissé. Posez dessus vos grives bien serrées les unes contre les autres. Ajoutez un morceau de beurre gros comme un œuf, sel et poivre, et deux ou trois petites feuilles de sauge. Laissez cuire à feu doux dans leur jus pendant trente à trente-cinq minutes.

Lapin à la napolitaine. — Coupez un lapin en morceaux réguliers et mettez-les dans une casserole avec un bouquet garni composé de beaucoup d'aromates et versez dessus un demi litre de vin blanc sec. Salez et poivrez. Au milieu de la cuisson ajoutez deux anchois bien écrasés avec une pointe d'ail et du persil haché très fin. Ajoutez encore une bonne tasse de bouillon et une cuillère à bouche d'huile d'olive. Cinq minutes avant de servir versez le tout sur des croûtons de pain frit afin de les laisser un peu s'imbiber.

Grillade aux huîtres. — Prenez un bifteck bien large, épais de deux doigts au moins, maigre et tendre.

Vous étalez au doigt, une couche de beurre frais, que vous poivrez, mais ne salez pas; vous le posez sur le gril, vous faites saisir à feu vif. Préparez d'autre part une béchamel dans laquelle vous faites pocher doucement quelques huîtres, une par personne, de préférence des portugaises vertes.

Versez cette sauce sur votre bifteck brûlant, en ayant soin de mettre les huîtres à cheval, et s'il y en a de reste en couronne autour de votre morceau de viande. Envoyez brûlant. Ce mets est succulent.

Gras-double lorrain. — Prenez 50 grammes de beurre extrêmement frais, deux cuillerées de farine que vous ferez cuire avec le beurre en ayant bien soin de ne pas laisser roussir. Ajouter alors un kilogramme de gras-double bien frais, blanchi, et découpé en languettes très fines.

Mouillez avec du bouillon, ajoutez sel, poivre, persil, ail, échalote, ces trois derniers finement hachés. Faites cuire à feu très doux pendant une heure et demie environ.

Puis laissez tomber légèrement le feu et saupoudrez avec 125 grammes de fromage de gruyère râpé très frais. Laissez mijoter environ dix minutes, ayant soin de couvrir la casserole.

Au moment de servir, liez la sauce avec trois jaunes d'œufs dans lesquels vous aurez pressé et débattu le jus d'un citron. Retirer du feu avant l'addition des jaunes d'œufs. Mangez très chaud.

Un vrai gourmet aime autant jeûner que d'être obligé de manger précipitamment un bon dîner.

Bécasse à la landaise *(Recette de M. Despiau)*. —
Les chasseurs des Landes ont une façon à eux de
préparer la bécasse. Voici comment Despiau, délais-
sant ses bustes, ses statues et ses grands monuments
qui sont l'honneur de la sculpture moderne, prépare
la bécasse :

— Il importe, avant tout, de tuer l'oiseau du premier coup !

— Pourquoi ?...

— Parce que la bécasse se vide ! Si vous la man-
quez et que vous tiriez une seconde fois, l'oiseau se
videra une seconde fois et ainsi de suite. Une bécasse
poursuivie ne vaut plus rien, puisqu'elle est entièrement vidée, et, comme vous le savez, c'est l'intérieur
qui compte.

Vous attachez la bécasse par les pattes, la tête pen-
dante, à la fenêtre, le temps qu'elle se prépare. Elle
est à point lorsqu'une goutte perle au bord du bec.
Vous la plumez et lui mettez un petit oignon... aux
antipodes du bec; les uns fourrent un clou de girofle
au cœur de l'oignon. Vous faites rôtir la bécasse vivement et la flambez à l'armagnac. Quand elle est cuite,
ajoute le bon Despiau en souriant, vous prenez les
cuisses et vous les jetez au chien; vous prenez les
ailes et vous les jetez au chien, vous prenez... l'oignon
et vous le mangez avec tout ce qui est autour.

Cailles à la milanaise. — Préparez, videz,
flambez des cailles : remplissez-les de beurre manié
avec du sel, du poivre, le jus d'un citron et de fines
herbes hachées. Mettez vos cailles un instant dans
du beurre fondu tiède puis panez-les de mie de pain
finement émiettée, puis dans des œufs battus comme
une omelette salée et poivrée. Panez-les une seconde

fois le plus fortement possible et faites cuire à feu modéré dans du beurre fondu. La cuisson terminée, égouttez les cailles, mettez-les sur un plat et versez dessus une sauce tomate.

Poule à la Stella. — Préparez un litre de bouillon blanc, et ajoutez-y un verre de porto blanc un peu liquoreux. Faites-y pocher une volaille; laissez réduire, ajoutez du poivre de Cayenne et du poivre Indien, une petite pincée de chaque, juste assez pour corser la sauce. Ajoutez 125 grammes de crème fraîche. Servez votre volaille avec des pointes d'asperges cuites à l'eau salée, bien égouttées et servies à part sur une serviette. On peut ajouter des rondelles de truffes dans la sauce.

Le coq en pâte des Vikings. — Vous faites dorer au four un coq, ou mieux, un chapon fin après l'avoir farci d'une chair mêlée de truffes. Vous préparez votre moule à pâté garni d'une fine pâte à tarte et vous couchez le beau coq dans ce gentil monument. Afin qu'il ne ballotte ni ne dessèche à la cuisson vous bourrez autour de lui force farce truffée et vous mettez au four à cuire doucement pendant une heure et demie. Quand vous démoulez le pâté, vous avez devant vous un plat admirable et d'une odeur si délicate qu'il n'est appétit qui ne s'ouvre à le respirer.

Terrine de viande Mirasol. — Prenez un kilo de filet de porc frais et autant de cuisse de veau. Découpez ces viandes en morceaux carrés de cinq centimètres que vous placez dans un vase de terre, ajoutez des oignons découpés, deux gousses d'ail, deux échalotes, une feuille de laurier, une branche de thym ou de serpolet, quelques branches de persil, une carotte, sel, poivre, muscade râpée; arrosez de bonne huile d'olive et d'une demi-bouteille de Sauterne; laissez macérer pendant vingt-quatre heures, en retournant les morceaux de temps en temps.

Ayez une terrine allant au four, garnissez-la complètement de lard, placez-y, par couches superposées, les morceaux de viande, débarrassez des épices, emplissez les intervalles de chair à saucisse et de petits lardons, voire de rondelles de truffes.

Arrosez la viande avec la marinade passée au tamis, couvrez votre viande d'une barde de lard, mettez le couvercle, fermez d'une bordure de pâte de farine. Cuisez quatre heures, et mangez ce délicieux pâté, quarante-huit heures après.

Rôti de veau à la Réval. — Prenez un beau quartier de veau, dans le quasi. Faites-le dorer au four et cuire en le bien arrosant de beurre et d'eau salée, afin de recueillir tout son jus. Vous avez préalablement fait fondre dans du lait coupé d'eau 12 oignons moyens. Cette cuisson doit être lente et longue, quatre heures environ à petit feu; vous passez au tamis cette purée d'oignons, qui a cuit dans son jus renouvelé de lait et d'eau. Au moment d'envoyer votre plat sur la table, vous battez cet essence d'oignons avec le jus de votre rôti et vous obtenez la plus délicieuse des sauces, sur laquelle reposera majestueusement votre pièce de veau.

Une bonne maîtresse de maison doit toujours avoir soin de voir les assiettes des convives garnies et leurs verres pleins.

Langue de bœuf en paupiettes. — Prenez une langue de bœuf dont vous ôtez le cornet et faites-la blanchir dix minutes à l'eau bouillante; mettez-la cuire dans le pot-au-feu jusqu'à ce que la peau puisse s'enlever, elle ne gâtera pas votre bouillon; ôtez-en la peau et mettez-la refroidir, coupez-la en tranches minces, dans toute sa largeur et sa longueur; couvrez chaque morceau avec de la farce de godiveau ou autre farce de viande de l'épaisseur d'un petit écu; passez un couteau trempé dans l'œuf sur la farce; roulez-les ensuite et embrochez-les dans un hâtelet; mettez à la broche; quand elles seront presque cuites, jetez de la mie de pain sur les bardes; faites-leur prendre une couleur dorée à feu clair et servez-les avec une sauce piquante dessous.

Cassoulet. — Prenez 700 ou 800 grammes de haricots blancs que vous aurez fait tremper, la veille, dans de l'eau.

Le lendemain, faites-les blanchir et cuire aux trois quarts; égouttez-les.

Faites revenir à feu modéré une aile et une cuisse d'oie confites avec 250 grammes de leur graisse, ainsi qu'un petit saucisson à l'ail, et préparer la sauce suivante que vous y ajouterez :

Sauce. — Émincez 2 ou 3 oignons, 3 gousses d'ail, du petit lard blanchi et coupés en dés; faites revenir le tout; saupoudrez d'une pincée de farine, versez-y un litre et quart de bouillon et tournez ce mélange jusqu'à l'ébullition. Ajoutez-y ensuite un bouquet garni et les chairs de 2 tomates mûres, réduisez vivement cette sauce pendant vingt minutes.

Prenez un plat creux en terre vernissée, frottez-le d'ail; mettez-y l'aile et la cuisse d'oie avec leur graisse, les haricots dessus, ainsi que la sauce préparée, de façon que les haricots soient légèrement recouverts. Mettez le plat sur le feu jusqu'à ce que son contenu entre en ébullition; à ce moment, placez-le dans un four bien chauffé, où vous le laisserez mijoter pendant une heure et quart.

Aux trois quarts de la cuisson, saupoudrez le cassoulet avec de la chapelure mélangée légèrement de persil haché; laissez dorer le dessus et servez chaud dans le plat où il cuit.

Nota. — On peut remplacer l'oie par du canard confit, la chair en est plus fine; par du mouton dans la partie du gigot.

Chou farci. — Effeuillez un chou, ébouillantez les feuilles, égouttez-les, préparez une farce avec des feuilles de poireaux et cœur de laitues hachées, 100 grammes de ris cru, 100 grammes de chair à saucisse, 150 grammes de poitrine de veau, 150 grammes de foie de porc, un quart de petits pois frais ou de conserve. Mélangez le tout dans une terrine avec 2 œufs entiers, assaisonnez de haut goût, reformez le chou en superposant une couche de feuilles à une couche de farce, et mettez dans un filet. Masquez une marmite avec poitrine de bœuf, jambon cru, un pied de porc, carottes, navets, bouquet garni; cuire le chou pendant deux heures; dressez-le avec la viande que vous avez parée et les légumes intercalés; servez, très chaud, une sauce tomate à part.

L'appétit n'a pas d'heure, ni de lieu de naissance; il naît là ou vous êtes, au gré de votre estomac.

Épaule de mouton à la Sainte-Menehould.
— Désossez et faites cuire une épaule de mouton
dans une braise, avec un peu de bouillon, un bouquet
de persil, des ciboules, une gousse d'ail, deux clous
de girofle, une feuille de laurier, du thym, des oignons,
des racines, du sel et du poivre ; quand elle est cuite,
vous l'ôtez de la casserole, vous l'égouttez et la dressez
sur le plat ; mettez dessus un peu de coulis bien assaisonné et bien réduit et panez-la avec de la mie de
pain bien fine ; délayez 3 jaunes d'œufs avec un peu
de beurre fondu, arrosez-en l'épaule, que vous panez
encore avec de la mie de pain ; vous la mettez dans
un four d'une moyenne chaleur et l'arrosez de temps
à autre avec du beurre fondu ; lorsqu'elle a pris une
belle couleur, vous la servez avec son fond clarifié
et bien réduit.

Escalopes Mirasol. — Prenez de belles escalopes
de veau, faites les cuire doucement dans leur jus.
Ayez une béchamel assez épaisse, relevée de paprika ;
ajoutez-lui un demi-verre de vin blanc, réduit à la
cuisson, une demi-livre de champignons coupés en
lamelles fines, un quart de fromage râpé ou de parmesan. Au moment d'envoyer sur la table, mêlez à
votre sauce ainsi préparée le jus de vos escalopes et
formez-en un lit sur lequel vous poserez la viande.

Daube de la Belle Perdrix. — Vous choisissez
un beau carré de bœuf, dans la tranche ou le gîte à
la noix. Vous le faites revenir légèrement à la casserole, puis vous le salez et le poivrez, et y ajoutez du
paprika et une pointe de Cayenne. Vous avez foncé
votre cocote de couennes de lard, vous posez votre
bœuf une fois revenu et l'entourez d'un demi-pied

de veau et d'un morceau de jarret de veau. Vous recouvrez votre daube d'un lit de carottes coupées en rondelles et assez abondantes pour servir de garniture au plat, vous mettez alors votre assaisonnement, qui est fort varié : 3 cuillerées de bonne sauce tomate concentrée, 2 morceaux de sucre pour enlever l'acidité de la tomate ; 125 grammes de champignons secs d'Italie, un zeste de citron, du thym, de la marjolaine, du romarin à petite dose, de la coriandre, du raz-el-anout, des quatre épices, sans oublier le bouquet de persil marié au laurier et au brin de sauge et de serpolet.

Vous arrosez avec une bouteille de Bourgogne et vous laissez cuire quatre heures à petit feu cette daube, dont la sauce doit être mœlleuse et veloutée.

Entrecôte Lapérouse. — Faites une réduction de vinaigre, échalotes, estragon et un verre de vin blanc, une fois réduite, ajoutez 2 cuillerées et demie à 3 de glace de viande, laissez cuire un quart d'heure. Passez ensuite la sauce dans une passoire très fine dite « chinois ».

Faites sauter une entrecôte dans un beurre clarifié. Une fois cuit, placez-la sur un plat long, saucez avec votre sauce Lapérouse et servez avec des pommes à la crème.

Il est d'un dîner bien ordonné comme des trois actes d'une pièce bien conçue.

Ris de veau belle perdrix. — Prenez de belles noix de ris de veau, faites-les blanchir, essuyez-les avec soin. Dans une cocotte, en fonte de préférence, mettez 60 grammes de beurre pour 4 noix de ris de veau, 5 ou 6 petits oignons, et faites dorer vos ris dans cette cocotte. Lorsqu'ils sont bien cuits, enlevez-les du jus, laissez-les refroidir et taillez-les en escaloppes.

Prenez une boîte de foie gras de conserve et sur chaque escalope de ris de veau, mettez une petite tranche de foie gras. Prenez des tranches très fines de bacon, enveloppez votre escalope dedans et attachez le tout ensemble, soit par un fil, soit par des brochettes très fines de bois.

Passez vos escalopes dans l'œuf battu, blanc et jaune, salé et poivré et jetez-les une minute dans de la friture d'huile bouillante.

Laissez bien égoutter sur une feuille de papier blanc, retirez le fil ou la brochette, tenez le plat très au chaud et servez en ayant décoré votre plat de tranches de citron et de branches de persil frit. Servez à part une sauce à la crème fraîche, chauffée au bain-marie, dans laquelle vous ajouterez le jus de cuisson de vos ris soigneusement passé au tamis et quelques truffes coupées fines.

Le jambon en croûte du curé. — Choisissez un jambonneau gras, dodu et ferme. Dans un plat de terre placez la chair désossée sur une couche de pâte épaisse d'un demi centimètre. Faites une béchamelle un peu épaisse et dans laquelle vous incorporerez un verre de fine champagne, de la crème fraîche et du fromage râpé, une larme de vinaigre, pas mal de sel et poivre. Versez cette sauce sur votre jambonneau pour lier le tout et recouvrez de pâte en la roulant sur le bord, tout autour, pour que rien ne sorte. Faites un petit trou dans la pâte au milieu et introduisez un petit entonnoir de papier pour laisser échapper la vapeur afin que la pâte ne crève pas. Mettez au four doux deux petites heures.

L'art de bien manger est à la fois une occupation et un délassement.

Bœuf bouilli à la mode de mon jardinier. — Prenez au jardin : une bonne poignée de cerfeuil, du persil, des fines herbes, deux feuilles de sauge, deux feuilles de menthe, un brin de basilic, une gousse d'ail nouveau. Hachez soigneusement le tout. Dans une tasse mettez deux bonnes cuillerées de vinaigre, du sel, du poivre, un œuf dur haché finement, une petite tomate coupée en lamelles, et vos herbes, mélangez bien le tout et mangez votre bœuf bouilli avec cette sauce, vous m'en direz des nouvelles.

Épaule de sanglier à la romaine (*Recette communiquée par M*^{me} *Schisa*). — Prenez une épaule de sanglier, enlevez-en la couenne et coupez-la par morceaux.

Faites revenir à feu vif, ajoutez une cuillerée de farine, laissez roussir, mouillez d'un verre de vinaigre et d'un verre de bouillon, salez, poivrez, un bouquet garni avec quelques feuilles de sauge. Couvrez la casserole et laissez mijoter une heure et demie.

Aux trois quarts de la cuisson, ajoutez un quart de raisins de Corinthe bien épluchés, retirez les morceaux que vous dresserez en pyramide, dégraissez la sauce, faites-la réduire à grand feu et versez-la sur le sanglier. Garnissez le plat avec quelques larges croûtons frits.

En septembre, les gastronomes préfèrent le parfum du gibier à celui des roses. Vive les perdrix de septembre !

Polenta à la millionnaire. — Faites cuire de la farine de maïs, dans de l'eau bouillante, dans la proportion de 500 grammes de farine pour un litre d'eau bien salée. Laissez cuire vingt minutes en remuant toujours avec une spatule de bois. Renversez sur une serviette placée sur une planchette de bois ou un plat. Laissez bien refroidir. Coupez votre polenta par tranches épaisses d'un centimètre, trempez-les dans du lait froid et rangez-les dans le fond d'un plat allant au four. Préparez d'autre part des restes de viande de plusieurs genres : veau, bœuf, poulet, lard, ce que vous avez sous la main, hachées très fine, ajoutez un peu de jambon maigre, haché également.

Passez cette viande hachée au beurre pour lui faire prendre goût. Étalez-en une couche sur votre polenta, parsemez de parmesan râpé et de noisettes de beurre, puis arrosez de sauce tomate pas trop épaisse. Renouvelez un second rang de polenta, de viande, de fromage, etc., et terminez par de la polenta copieusement parsemée de noisettes de beurre. Arrosez le tout de quelques cuillerées de lait. Mettez à four vif dix à quinze minutes.

Un homme qui sait vivre, mange peu et boit peu à sa table.

Beefsteaks de fromage. — Coupez des tranches assez épaisses de bon gruyère, enlevez la croûte, passez-le d'abord dans un œuf battu, ou simplement dans des jaunes et ensuite dans de la farine. Mettez dans une poêle un petit morceau de beurre, placez deux ou trois tranches de gruyère dans la poêle et laissez fondre doucement jusqu'à ce que cela s'étale bien.

Servir brûlant. Si votre fromage est fade, il faut ajouter du sel dans l'œuf et la farine.

Coquilles norvégiennes des Vikings. — Faites durcir quatre œufs, épluchez-les, coupez les jaunes et blancs en petits dés, ajoutez 125 grammes d'anchois dessalés, étêtés, équeutés, sans arêtes et coupés en morceaux; faites revenir dans une noix de beurre, soupoudrez d'une cuillérée de farine, mouillez d'une tasse de bouillon, poivrez, salez très peu. Faites cuire jusqu'à épaisseur suffisante, vingt minutes environ. Remplissez-en des coquilles, couvrez-les de chapelure, mettez un morceau de beurre sur chacune, cuisez au four dix minutes.

Perdrix George Sand. — Prenez de petites perdrix très jeunes, plumez-les et videz-les bien. Aplatissez-les par un petit coup sur l'estomac. Mettez-les dans une casserole avec du beurre, de la poitrine de lard en dés, quelque morceaux de ris de veau, des champignons et toutes les épices et herbes que vous aurez sous la main. Faites revenir légèrement vos perdrix avec ce mélange, que ce soit bien doré; mouillez de deux verres à madère de bonne eau-de-vie et mettez-y le feu. Lorsque tout cela a bien flambé, ajoutez une légère liaison de farine, un peu de bouillon, laissez cuire doucement et dégraissez. Servez sur une assiette chaude la sauce bien réduite.

Foie de veau Yolande. — Prenez des tranches de foie de veau très minces, préparez du beurre très fin dans lequel vous mélangerez des fines herbes, de l'estragon et du persil hachés très menu. Tartinez vos tranches de foie de veau, sur un côté, avec ce mélange, salez et poivrez, puis placez des olives dénoyautées et roulez votre tranche de foie de veau. Attachez-les avec un fil. Roulez-les dans de la farine et faites-les revenir dans du beurre. Lorsqu'elles sont bien dorées ajoutez un verre de vin blanc sec et un verre de bouillon ou d'eau. Ajoutez des carottes émincées, salez, poivrez, mettez un bouquet de persil, thym, laurier, laissez cuire à feu doux, couvert. Si vos carottes sont vieilles faites leur faire d'abord une légère cuisson à l'eau salée, avant de les ajouter à vos tranches de foie de veau qui ne doivent pas cuire plus de vingt à vingt-cinq minutes.

Ce sont les convives qui font les cuisiniers.

POISSONS, PATÉS ET LÉGUMES

Sardines à la Henri IV. — Ce bon roi, aussi gourmand qu'aimable, et qui prisait également les jolies femmes et les bons morceaux, avait pour les sardines une affection toute particulière. Voici comment il se les faisait souvent préparer.

Soigneusement lavées et étripées, pressez entre deux doigts le bout de la queue dans le sens opposé à l'arête. Enlevez la tête, mettez vos sardines dans un plat avec de l'huile et des aromates, persil, thym, laurier, sauge, basilic, ail, oignons, ciboulettes, etc., le tout haché finement; laissez macérer une heure au moins vos sardines dans ce mélange. Égouttez-les, mettez-les sur un gril et faites griller des deux côtés vivement sur un bon feu vif. Rangez vos sardines dans un plat chaud, versez dessus du beurre fin fondu dans lequel vous presserez le jus d'un citron.

On prétend que lorsque Henri IV vint au monde, on lui frotta les lèvres avec une gousse d'ail, voulant lui communiquer pour toute sa vie un stimulant actif.

Fondant de thon Paolo. — Ce plat est très délicat, et très indiqué pour la campagne s'il arrive des amis à l'impromptu, le plat pouvant être préparé à froid avec les ingrédients suivants : 300 grammes de thon mariné à l'huile, 150 grammes de beurre, un anchois, le jus d'un citron, un peu de mie de pain. On passe le tout au tamis et on met la purée dans un moule qu'on recouvre d'un papier huilé. On met dans la glace pendant une heure, on démoule, on recouvre de mayonnaise et on décore à volonté. Le thon peut être malaxé avec le beurre avant de le passer au tamis.

Le véritable héros de février c'est le cochon ; on peut le travestir de cent façons, mais sous ses aimables travestissements son mérite le trahit toujours.

Caviar d'œufs de brochet. — On a longtemps cru que les œufs de brochet étaient nocifs, quelques sommités médicales affirment à présent le contraire; ils ne sont même pas purgatifs. Le caviar russe étant devenu hors de prix et presque jamais frais, on peut en partie le remplacer avec des œufs de brochet.

Ayant soigneusement pris les œufs d'un beau brochet, on les étale sur une assiette, on les sale et poivre pas trop et on les laisse ainsi passer une nuit. Le lendemain on ajoute une bonne cuillerée à bouche d'huile d'olive de choix et le jus d'un demi-citron, puis on mange le lendemain étalé sur des tartinettes de pain bis beurré et moutardé formant sandwichs.

La maîtresse de maison doit assortir convenablement les convives les maintenir dans une harmonie égale, mettre chacun dans un jour favorable, veiller au besoin de tous, deviner leurs pensées, aider leur mémoire, inspirer leur génie, les laisser partir tous contents d'elle, des autres et d'eux-mêmes.

Soles Lafayette *(Spécialité de l'hôtel Bohy Lafayette).* — Faites pocher vos filets de soles au vin blanc et servez-les sur un lit de riz bien beurré. Vous décorez avec des escalopes de homard et des lames de truffes et vous arrosez le tout d'un sauce américaine qui donne à ce plat délicieux un fumet très délicat.

Si à la fête de Sainte-Claire la journée est chaude et claire,
Comptez sur les fruits à couteaux, à coup sûr ils seront beaux.

Colin à l'espagnole. — Prenez 500 grammes de colin, deux cuillerées à bouche d'huile d'olive, deux échalotes, une gousse d'ail, une boîte de conserve de tomates, sel et un peu de farine. Mettez l'huile dans un plat allant au four, jetez-y, lorsqu'elle est chaude, l'échalote et l'ail coupés très fin; laissez cuire à feu doux une demi-heure sans laisser roussir. Délayez la purée de tomates avec un peu d'eau chaude, mettez-la dans l'huile, placez-y le colin coupé en tranches d'un bon centimètre d'épaisseur; saupoudrez de persil haché et poivrez seulement à ce moment. Mettez au four 15 minutes environ. Arrosez souvent.

Filets de merlans Anna. — Roulez dans de la pâte à friture très épaisse vos filets de merlans crus ou bouillis et froids; faites-les frire de belle couleur dorée et mettez-les sur un plat chaud avec une pincée de sel. Garnissez le plat de bouquets de chou-fleur cuits à l'eau salée et bien égouttés puis frits comme les filets de merlans. Servez avec une mayonnaise verte ou une sauce rémoulade ou simplement avec un jus de citron.

Nous devons être une fée précieuse et agissante ayant la conduite de la barque familiale. De la cuisine au salon, la vraie femme doit tout surveiller, tout mettre en ordre, avoir les yeux sur tout.

Morue à la Madrilène. — Coupez de la morue dessalée en très menus morceaux, passez-les dans de la farine et mettez-les dans une casserole avec 50 grammes d'huile d'olives. Laissez dorer un moment, puis ajoutez du poivre, peu où pas de sel, un verre de crème et un peu de lait. Laissez cuire très lentement presque deux heures sur le coin du fourneau. On peut servir avec des épinards au jus.

Anguille à la Vénitienne. — Epiautez et nettoyez bien une anguille ; coupez-la en tronçons, ébouillantez-la, séchez-la.

Préparez une sauce ainsi composée : 50 grammes de thon mariné, le jus d'un citron, 30 grammes d'huile, sel et poivre, quelques câpres. Amalgamez bien le tout. Roulez vos tronçons d'anguille dans cette sauce et mettez-les dans une casserole avec 30 grammes de beurre. Laissez cuire une heure très lentement et servez avec jus de citron.

Rougets Barcelone. — Nettoyez avec soin des rougets de la Méditerranée, posez-les sur un plat légèrement huilé ; couvrez-les de vin blanc sec et de tomates fraîches pelées et épepinées ; un peu de persil haché, thym, laurier, coriandre et un peu de safran délayé dans un peu d'eau. Faites partir à ébullition cinq minutes, dix si les poissons sont gros, sur le côté du fourneau. Laissez refroidir et servez dans le jus du cuisson en ajoutant sur chaque poisson une olive noire et une rondelle de citron.

De tous les mois de l'année, mars est le plus abondant en poisson ; c'est la saison où la marée est dans toute sa gloire.

Morue à la Caponi. — Dans un moule à soufflet, bien frotté intérieurement d'une gousse d'ail, mettez un fond de sauce béchamel claire. Dessus placez une couche de morue dessalée cuite à l'eau et bien épluchée, de plus détachée en petits filets. Recouvrez ensuite d'une couche de rondelles de pommes de terre cuite en robe de chambre et continuez ainsi en alternant les couches pour remplir le moule en terminant par une couche de sauce. Recouvrez de chapelure, arrosez de beurre fondu et faites gratiner au four.

Perche à la mode du curé. — Prenez une belle perche bien fraîche, écaillez-la, videz-la, lavez-la soigneusement. Prenez un plat allant au four, mettez-y un bon gros morceau de beurre et faites fondre jusqu'à ce qu'il commence à rissoler, jetez-y des petits croûtons de pain bien beurré, des petits champignons à peine ouverts et des rondelles de pommes de terre cuites à l'eau, laissez dorer ces choses doucement.

Ouvrez votre perche par le dos avec un couteau taillant bien et farcissez-la de champignons hachés et cuits au beurre, mélangés à une bonne cuillerée de crème fraîche; salez et poivrez de haut goût. Sur ce qui mijote au fond du plat, posez quelques belles branches de persil, posez votre perche dessus et mettez au four moyen une grande demi-heure en arrosant souvent. Au moment de servir, arrosez votre perche avec une sauce mélangée de crème fraîche et de beurre fondu et, servez dans le plat de cuisson.

Gratin Coralie. — Prenez une boîte de saumon de conserve, retirez-en les arêtes et la peau. Auparavant vous aurez fait cuire 250 grammes de nouilles à l'eau salée et les aurez bien égouttés. Mélangez votre saumon et vos nouilles, mettez-les dans un moule bien beurré, puis versez dessus 3 œufs battus en omelette en mélangeant doucement pour que vos œufs pénètrent bien. Passez au four un quart d'heure, vingt minutes, et servez recouvert d'une bonne sauce tomate bien assaisonnée.

La gastronomie est la joie de toutes les situations et de tous les âges, elle donne la beauté et l'esprit.

Truites farcies *(Recette de la Bourboule.)* — Videz, lavez de petites truites égales en grosseur, égouttez-les et remplissez-les d'une farce de poisson avec des truffes hachées et des champignons également hachés fin. Recousez le ventre de vos truites et faites-les cuire dans un bon court-bouillon bien relevé. Retirez-les, égouttez-les et lorsqu'elles sont froides passez-les deux fois à l'œuf battu et à la mie de pain et faites frire. Servez avec de la sauce tomate.

Ragoût de poisson à la Boulonnaise. — *(Recette Marguerite)*. Prenez du poisson de mer (congre, saint-pierre, grondin, thon). Mettez dans un faitout un morceau de saindoux ou une grande cuillerée d'huile d'olive et un bon morceau de beurre, faites fondre; mettez un lit de pommes de terre coupées en gros dés, un lit de poisson coupé en tronçons, un lit d'oignons coupés également en grosses tranches, encore la valeur d'un œuf de bon beurre par petits tas éparpillés et répéter ainsi jusqu'à épuisement du poisson etc. Ajouter en terminant du poivre en assez grande proportion, ce plat demandant à être bien relevé, un peu de sel, une branche de thym et une feuille ou deux de laurier. Sur le tout, encore un peu de beurre. Faites cuire doucement à l'étouffée pendant une heure au moins, ne pas ajouter d'eau car si la cuisson à été bien conduite cette préparation doit fournir sa sauce d'elle-même, en proportion de son volume.

Grenouilles au gratin. — Prenez vos grenouilles, telles qu'elles sont apprêtées chez les marchands, passez-les à la mie de pain mélangée d'échalottes et de persil hachés. Dans un plat allant au four, mettez du beurre et rangez vos cuisses de grenouilles, salez, poivrez, ajoutez quelques bons morceaux de beurre fin et faites gratiner. On peut, selon les goûts, mettre de l'ail à la place de l'échalote.

On peut les napper aussi de crème ou d'une béchamel.

Gourmands, cessez de nous donner
La carte de votre dîner.
Tant de gens qui sont au régime
Ont droit de vous en faire un crime.

Coquilles Saint-Jacques Eugénie. — Prenez
de belles coquilles Saint-Jacques, détachez-les des
coquilles et lavez-les soigneusement en enlevant le
petit sac noir; mettez à part bien lavé le morceau
rouge, s'il y en a. Dans une casserole mettez un bon
morceau de beurre très frais et mettez dedans vos
coquilles; laissez cuire doucement à casserole couverte pour qu'elles rendent tout leur jus. Après vingt
minutes de cuisson, retirez les coquilles, hachez-les
finement avec un petit morceau d'oignon, sel et
poivre. Dans le jus de cuisson mettez à tremper un
morceau de mie de pain et lorsqu'il est bien ramolli
mélangez-le à vos coquilles hachées. Assaisonnez
bien et remplissez la partie creuse de vos coquilles
que vous aurez bien lavées. Parsemez dessus un peu
de chapelure fine, placez dessus le morceau rouge
que vous ovez mis de côté et ajoutez une belle coquille
de beurre. Dix minutes à four très chaud.

Ah! le bel or pâle qui coule des flacons de Sauternes!

Grondin rôti. — Bourrez un beau grondin bien
vidé et bien nettoyé de chair à saucisses; cousez l'ou-

verture pour éviter que la farce ne s'échappe. Parsemez votre grondin d'un peu d'oignons hachés et d'un bon morceau de beurre. Parsemez de chapelure blanche sel et poivre. Au fond du plat mettez un peu de vin blanc et d'eau puis des pommes de terre crues, coupées par morceaux. Faites cuire au four à feu vif en arrosant beaucoup. Au moment de servir arrosez le tout de quelques gouttes de jus de citron.

Il n'est pas d'économie négligeable dans un ménage bien dirigé.

Thon gratiné à la provençale. — Prenez des tranches de thon frais, coupez-les par tronçons et faites-les cuire au court bouillon bien aromatisé. Laissez refroidir hors du court-bouillon. Dans un plat allant au four placez vos morceaux de thon, parsemez dessus un petit hachis composé d'un oignon finement haché, une pointe d'ail et d'échalote, du persil, un peu de thym et d'un peu de mie de pain sèche émiettée. Arrosez d'un grand verre de vin blanc sec et d'un de bouillon ou d'eau, sel et poivre, et un petite pointe de Cayenne. Chapelure fine sur le tout et de belles noisettes de bon beurre sur chaque tronçon de thon. Au four, arrosez souvent pendant la cuisson et laissez bien gratiner. Au moment de servir ajoutez un filet de vinaigre à la sauce et une cuillerée de câpres. Servir dans le plat de cuisson.

Je vais dans mon ardeur poétique et divine,
Mettre au rang des Beaux-Arts, celui de la cuisine.

Congre à la Port-Joinville. — Prenez un beau congre dans les quatre à cinq livres. Coupez-le en morceaux en laissant de côté le bout de la queue qui est très plein d'arêtes. Lavez soigneusement votre poisson et ébouillantez-le. Laissez-le macérer dans l'huile et le jus de citron pendant deux heures. Préparez une sauce matelote avec du beurre, de la farine, du vin rouge, du sel, du poivre, un gros bouquet garni avec toutes les aromates que vous aurez sous la main, un oignon coupé par morceaux et une pointe d'ail si c'est votre goût. Lorsque votre sauce est bien liée, bien onctueuse, ajoutez-y vos morceaux de congre et quelques morceaux de pommes de terre. Goûtez pour savoir si tout est bien à votre goût, si la sauce est à point, puis couvrez votre casserole et n'y touchez plus; il faut une heure environ de cuisson à feu moyen. Servez, entourez de rondelles de citron et de pointe de pain frit. Si vous aimez, un quart d'heure avant de servir vous pouvez ajouter à ce ragoût, une douzaine de beaux pruneaux trempés à l'avance et dénoyautés, mais cela, qui est pourtant dans la vraie recette du congre à la Port-Joinville, n'est pas du goût de tout le monde.

Dans un dîner, les deux dames les plus fêtées se placent aux côtés du maître de la maison.

Gratinée de moules Coralie *(Spécialité de l'Auberge des Cordeliers)*. — Faire suer au beurre un peu d'oignons hachés avec 50 grammes de riz. Mouillez avec quatre décilitres de fond blanc. Laisser cuire vingt minutes, ajoutez un litre de moules cuites à la marinière et enlevez des coquilles, deux bonnes et larges cuillerées de crème, un peu de gruyère râpé. Mélangez le tout, saupoudrez encore de râpé et de noisettes de beurre fin et mettez au four à gratiner.

Queues de langoustines Montchic (*Recette du Quercy*). — Prenez des langoustines, faites-les cuire au court-bouillon bien relevé, retirez les queues que vous éplucherez soigneusement, à raison d'une dizaine par personne. Prenez un plat allant au four, beurrez-en le fond, et mettez un rang de queues de langoustines que vous arroserez de fine champagne, parsèmerez de parmesan râpé et de coquilles de beurre.

Préparez une béchamel légère à base de crème fraîche si possible et ajoutez 250 grammes de champignons de couches, ou de blancs de prairie, et quelques lamelles de truffes. Recouvrez vos queues de langoustines avec cette sauce et recommencez en alternant jusqu'à épuisement de vos réserves en terminant par la sauce et quelques noisettes de beurre très fin. Mettez au four bien chaud pour gratiner.

Mostelle Méditerranée. — Faites cuire votre mostelle avec du fumet de poisson, relevé de vin blanc comme un bon court-bouillon, il faut un temps très court ce poisson si rare et si délicat étant fort tendre. Vous avez préparé une béchamel, relevée d'une pointe de cayenne et nourrie de parmesan coupé de gruyère, ajoutez à cette sauce votre cuisson de la mostelle en ayant soin de la réduire à feu vif, et additionnez-la à votre béchamel. Mettez cette préparation au fond de votre plat, posez votre mostelle et nappez avec le reste de la sauce, saupoudrez de parmesan et faites dorer au four.

Mostelle au beurre. — La mostelle peut être cuite simplement au beurre, faire une incision dans le dos, la remplir avec du beurre relevé de bon sel et de poivre, placer votre poisson dans un plat allant au four, entourer de morceaux de beurre, un peu de chapelure ; un quart d'heure au four, envoyer le plat bien doré.

Et, messieurs, un peu de silence, on ne sait ce qu'on mange !
(MONTMAUR).

Carpe à la Juive. — Vous faites chauffer un quart de litre d'huile dans une casserole ou dans une poissonnière si vous voulez conserver le poisson entier. Quand cette huile est bien chaude, jetez-y quantité de petits oignons que vous y faites jaunir.

Aussitôt qu'ils sont bien jaunes, ajoutez un peu de farine et un peu de sucre en poudre sans les laisser roussir. Remuez, ajoutez de l'eau autant qu'il en faudra pour y faire baigner le poisson, une cuillerée de vinaigre, encore un peu de sucre, de raisins de caisse (malaga) et un bon quart d'amandes douces ébouillantées, pelées et découpées en long. Faites bouillir en ajoutant un grain de sel.

Placez le poisson entier ou découpé en beaux mor-ceaux et laissez bien cuire. Quand la cuisson est parachevée, placez le poisson sur un plat à servir, qui doit être creux. Versez par dessus la sauce avec tout ce qu'elle contient.

Disposez les amandes et les raisins tout autour et laissez refroidir. Se sert froide et dans la gelée.

Bardes de saumon vert-galant. — L'on met des tranches de rouelle de veau et un peu de jambon dans le fond d'une casserole, juste à la grandeur de la tranche du saumon que l'on veut servir. Le saumon mis dessus et couvert de bardes de lard, y ajouter un bouquet de persil, ciboules, deux clous de girofle, trois échalotes, peu de sel, on fait cuire un quart d'heure sur un moyen feu; ensuite on mouille avec un verre de vin de Jurançon; on achève de cuire à petit feu; au moment de servir, passer au tamis la sauce de la cuisson, y ajouter du coulis : bouillir quelques bouillons, et servir sur le saumon débarrassé des viandes.

Autrefois on déjeunait, on dînait, on goûtait, on soupait.

Filets de lotte à la Nénette. — Prenez une belle lotte bien en chair et bien blanche, enlevez la peau, lavez-la bien et essuyez-la. Coupez-la en filets sur le sens de la longueur comme pour obtenir des filets de soles. Préparez un court-bouillon réduit, au vin blanc, bien assaisonné, car ce poisson demande à être bien relevé, pochez-y cinq ou six minutes vos filets et laissez-les égoutter sur une serviette. Préparez une bonne sauce tomate avec des tomates fraîches si possible, ou à défaut, de la conserve, ajoutez-y 100 grammes de champignons hachés, laissez cuire doucement avec vos filets que vous remettrez à chauffer à la dernière minute pour faire quelques bouillons et prendre goût. Goûtez votre assaisonnement. Prenez une douzaine d'huîtres portugaises, extrayez-les des coquilles roulez-les dans la farine et faites-les frire dans du bon beurre. Entourez vos filets de lotte avec ces huîtres frites à raison de deux par personne. Servir très chaud et dans des assiettes chaudes. Si vous voulez votre plat mieux présenté encore piquez une crevette rose dans chacune de vos huîtres ou mettez deux écrevisses debout les pattes entrelacées sur le milieu de votre plat.

Tant que Saint-Urbain n'est pas passé
Le vigneron n'est pas rassuré.

Risotto aux fruits de mer. — Faites un bon risotto : une poignée de riz par personne plus trois bien trié, bien lavé. Dans une casserole mettez une bonne noix de beurre, une bonne cuillerée d'huile d'olives, un gros oignon haché, laissez revenir doucement en remuant. Lorsque l'oignon est doré, ajoutez-y votre riz et laissez blondir doucement; vous aurez auparavant fait cuire des moules au naturel que vous aurez enlevées des coquilles, et des coques pour lesquelles vous aurez agi de même; le jus de ces deux cuissons aura été recueilli, passé à travers un linge fin, bien décanté; servez-vous alors de ce jus pour faire cuire votre riz et si ce n'est pas suffisant ajoutez de l'eau en quantité suffisante jusqu'à cuisson complète de votre riz, vingt minutes d'ébullition à la cuisson italienne, plus à la française et suivant les goûts. Cinq minutes avant achèvement de cuisson ajoutez vos moules et vos coques à votre riz plus une bonne poignée de fromage râpé, bien mélanger, servir brûlant accompagné d'un ravier de fromage râpé.

L'âme d'un gourmet est toute dans son palais.

Boulettes de hareng *(Sillbullar)*. — Dessaler quatre harengs pendant la nuit. Les écailler, vider; enlever têtes, queues et arêtes. Hacher menu. Éplucher et hacher menu un demi kilogramme de pommes de terre cuites; les mélanger avec un peu de viande hachée, une cuillerée de fécule de pomme de terre. Ajouter : de la crème ou du lait, trois œufs battus, un peu de beurre fondu. Travailler le tout à une farce. Former des boulettes oblongues; les rouler dans la chapelure et faire frire dans la friture bouillante. Servir avec une sauce romaine.

Beignets salés Eléna. — Faites fondre dans de l'eau tiède 20 grammes de levure de bière, mêlez-y un peu de farine et laissez lever. Lorsqu'elle est bien montée, ajoutez un œuf entier, de la farine et du lait pour obtenir une pâte bien ferme. Dans de la friture d'huile très chaude versez une cuillerée à café de cette pâte que vous aurez formé en boule et au milieu de laquelle vous aurez introduit, un morceau de fromage de gruyère et un demi anchois. Faites frire comme des pets de nonne, ces beignets doivent beaucoup gonfler et doivent être servis brûlants.

Cigares Suzanne. — Prenez une livre de bon gruyère et coupez-en des morceaux en forme de bâtonnets d'un centimètre d'épaisseur sur sept ou huit centimètres de longueur et faites ramollir ce fromage sur le coin du fourneau. Préparez une pâte à raviolis très beurrée et rendue aussi fine qu'une feuille de papier, il faut beaucoup travailler cette pâte lentement et progressivement l'humecter et la beurrer. Lorsqu'elle est très mince coupez-en des carrés et placez en biais un de vos morceaux de fromage de gruyère; roulez comme un cigare, puis une seconde fois dans un autre morceau de pâte. Roulez vos cigares dans de l'œuf battu comme pour une omelette, puis dans de la farine et jetez-les quelques minutes dans de la friture bouillante à l'huile de préférence; égouttez-bien sur un buvard, mettez en pyramide sur une serviette pliée et servez très chaud comme hors d'œuvre.

On peut servir ces cigares surprises accompagnés d'une sauce tomate.

En octobre, il ne faut plus que de l'argent et de l'appétit pour faire bonne chère.

Autre quiche lorraine. — Pilez des pommes de terre préalablement cuites en robe de chambre; mélangez-les avec farine, beurre, sel, jusqu'à ce que vous obteniez une pâte bien compacte, étendez cette pâte à l'épaisseur d'un demi-centimètre sur un plat à tarte saupoudré de farine; piquez cette pâte avec la fourchette pour éviter les soufflures. Mettez à la surface de petits morceaux de lard sec et de la bonne crème; passez au four environ un quart d'heure et mangez bouillant. (A servir dans le plat même.)

Allez toujours au secours des appétits timides, n'épargnez rien pour les satisfaire.

Garbure béarnaise. — Effeuillez un chou moyen que, soigneusement, vous débarrassez de ses côtes; des pommes de terre, des poireaux, un navet, une carotte, un oignon, une gousse d'ail, le tout nettoyé, lavé et découpé menu.

De l'eau dans une marmite placée sur le feu vif, jusqu'à l'ébullition; c'est l'instant de plonger vos légumes dans cette eau bouillonnante en y ajoutant une poignée de haricots, un piment et une branche de thym; salez avec modération et doucement, laissez bouillir pendant deux heures.

Une demi-heure avant la fin de la cuisson, déposez dans cette garbure odorante, un morceau de salé de porc, une cuisse d'oie ou de canard confit.

Respectez soigneusement la couche de graisse dont les morceaux sont imprégnés, c'est elle qui donnera au bouillon qui mijote, sa saveur.

Versez la garbure sur de minces tranches de pain dans une soupière. Servez à part le confit.

Pour bien réussir la vraie grande cuisine, il faut du « mijotage », du goût et de la gourmandise.

Les Délicieuses. — Prendre des blancs d'œufs (4 blancs pour 6 personnes), les battre en neige dure, leur incorporer autant de fromage râpé qu'ils peuvent en absorber. Il faut que le mélange soit consistant. Prendre à la cuillère, faire des boulettes, les rouler dans de la chapelure et les jeter à la friture très chaude. Laisser très peu de temps. Servez doré et aussitôt, en entrée.

Une ménagère avisée doit de bonne heure être rompue à tous les secrets de la pâtisserie; les maris en général sont gourmands.

Beignets d'huîtres Arcachonnais. — Faites blanchir de petites huîtres d'Arcachon, salez, poivrez, ajoutez un jus de citron, du beurre, un bouquet garni. Mettez dans une casserole et laissez mijoter une demi-heure sur le coin du fourneau. Trempez chaque huître dans une pâte à frire et faites frire à large friture. Servez avec une sauce tomate.

Barquettes printanières. — Préparez vous-même, ou achetez déjà faites, chez le pâtissier, de petites barquettes en pâte feuilletée. Prenez des mousserons de prairies, lavez-les avec grand soin à cause du sable, à plusieurs eaux acidulées d'un peu de citron, faites cuire dans un bon morceau de beurre à l'étouffée, sans qu'ils rôtissent, égouttez-les de leur jus, et laissez refroidir. Préparez une mayonnaise épaisse, mélangez-y vos mousserons, et remplissez vos barquettes avec cette préparation, bien relevée d'un jus de citron, sel, et poivre. Décorez vos barquettes d'une belle crevette rose, ou à défaut d'une olive verte ou noire.

Dans le grand art de la gueule..., s'arrêter c'est reculer.

Croquettes Clélia *(entrée chaude).* — Préparez une pâte à beignet assez épaisse avec de la farine, du lait. Prenez, d'autre part, deux fromages demi-sel ou deux Pomel et un quart d'anchois au sel. Lavez très soigneusement vos anchois, retirez-en les filets et laissez-les dégorger pour qu'ils ne soient plus aussi salés, écrasez-les avec vos demi-sel de façon à en obtenir une pâte très lisse et très compacte. Faites-en des boulettes grosses comme une petite noix, roulez-les dans une pâte à friture et jetez-les à dorer dans de l'huile bouillante. Égouttez-les bien sur un papier buvard et servez-les en pyramide sur une serviette, très chauds, et entourés de persil en branches, frit. Peut aussi se servir accompagnés d'une sauce tomate peu salée, car les anchois salent tout par eux-mêmes.

A la Sainte-Berthe, on peut cueillir l'amande verte : n'est pleine que de lait, il faut laisser mûrir le blé.

Tomates Belle Perdrix. — Prenez de belles tomates rondes et bien mûres, enlevez un petit couvercle au sommet, et retirez toutes les graines. Faites-les cuire doucement dans du beurre sans qu'elles se défassent et sans rôtir.

Coupez en dés une bonne quantité de petites

asperges vertes, le bout tendre uniquement, faites-les blanchir cinq minutes à l'eau bouillante salée ; égouttez soigneusement et faites-les sauter au beurre très frais et très fin avec sel, poivre, pointe de muscade ou non, suivant le goût et une légère, très légère pointe de sucre en poudre. Ajoutez un peu de sauce béchamel et laissez cuire. Mettez dans le fond de vos tomates un petit morceau de beurre et remplissez avec vos pointes d'asperges. Doit se servir très chaud.

Risotto italien à la Belle Perdrix. — Mettez dans une casserole un gros morceau de beurre, 2 cuillerées à bouche d'huile d'olives, 2 gros oignons et 100 grammes de poitrine de lard maigre coupée en petits dés. Faites revenir. Ajoutez du riz du Piémont, lavé et trié, à raison d'une poignée par personne plus un, laissez dorer légèrement votre riz sans cesser de remuer avec une cuillère de bois. Ajoutez ensuite du bouillon par petites doses et en surveillant de très près votre riz, salez, poivrez, mouillez peu à peu jusqu'à gonflement complet du riz ; ajoutez alors de la sauce tomate en conserve. Depuis le premier mouillage du riz jusqu'à cuisson, il doit s'écouler vingt minutes, pas plus, sur bon feu régulier. Ajoutez alors du fromage râpé, par moitié parmesan et gruyère. D'autre part vous aurez préparé des foies de volailles passés au beurre, coupés par morceaux, et des champignons secs cuits, hachés et mélangés aux foies de volailles et mouillés d'un verre de fine champagne. Au moment de servir, mélangez bien cette préparation à votre risotto et servez brûlant accompagné de fromage râpé.

Ne te presse pas trop à table, la table est l'entremetteuse de l'amitié.

Moules givrées. — Grattez bien et lavez soigneusement deux litres de belles moules.

Mettez-les dans une casserole couverte; ajoutez une bonne pincée de poivre, gros comme un œuf de beurre, et un demi-verre à madère de vinaigre. Préparez d'autre part 3 oignons moyens hachés, très, très fin. Passez-les au beurre et laissez-les cuire sans dorer, ajoutez une pincée de persil haché fin. Mélangez à vos moules que vous remuez toujours pendant qu'elles cuisent. Aussitôt qu'elles sont ouvertes, ajoutez une cuillerée de crème fraîche, sautez-les bien dans la casserole sans remettre sur le feu, et servez bouillant.

Cuisses de grenouilles Ile d'Yeu. — Prenez des cuisses de grenouilles comme on les trouve déjà toutes préparées chez les marchands; lavez-les bien, essuyez-les mieux encore. Passez-les dans un beurre clarifié, l'espace de deux minutes. Placez-les dans un plat allant au four. Préparez d'autre part des moules que vous ferez cuire sans eau avec un oignon et des aromates (thym, persil, laurier), retirez-les de leur coquille, et ajoutez-les sur vos cuisses de grenouilles. Faites ensuite cuire de belles tomates bien mûres, coupées par morceaux et dont vous aurez enlevé la peau; lorsqu'elles seront réduites en purée, versez-les dans votre plat, toujours par-dessus, sans mélanger. Un bon morceau de beurre, et au four un quart d'heure à gratiner. Manger brûlant.

Macaronis à la Nénette. — Faites cuire du macaroni dans du bouillon gras, vingt minutes.

Lorsqu'il est bien cuit, égouttez-le et mêlez-y un quart de fromage râpé moitié gruyère, moitié parmesan. Prenez 200 grammes de beau jambon maigre et hachez-le. Ajoutez deux jaunes d'œufs, deux cuillerées de sauce tomate et des lamelles de truffes. Mélangez bien, mettez dans un moule à gratin bien beurré, saupoudrez le dessus de fromage râpé et parsemez quelques noisettes de beurre, mettez au four à gratiner et léchez-vous les dogits en le mangeant.

L'appétit naturel est l'appétit des gens qui se portent bien, celui de la santé et, pour peu que vous soyez gourmand, les heures des repas les plus simples tinteront toujours agréablement à vos oreilles.

Pommes d'amour à la divine. — Prenez de belles tomates bien rondes et bien mûres, et aussi très saines. Découpez sur le dessus, une petite rondelle, et à l'aide d'une petite cuillère, enlevez les graines de façon à vider votre tomate et à la bien creuser. Mettez-les dans une poêle avec un bon morceau de beurre et faites cuire doucement pour que la tomate reste entière sans rôtir.

Préparez des œufs brouillés peu cuits, dans lesquels vous aurez incorporé du fromage de parmesan râpé, du sel, du poivre, et un rien de noix muscade râpée, suivant le goût.

Remplissez le creux de vos tomates avec des œufs brouillés, et, nappez votre plat en versant sur vos tomates une sauce de crème fraîche double, chauffée au bain-marie. Servez vite et bien chaud.

Gnocchi à la romaine. — Dans un litre de lait bouillant vous jetez en pluie quatre cuillerées de grosse semoule, vous tournez avec la cuillère en bois jusqu'à ce que cette bouillie soit épaisse, vous la laissez refroidir sur le coin du fourneau. Quand elle elle est tiède, vous incorporez deux œufs, du beurre, du fromage râpé, gruyère ou parmesan. Un quart d'heure avant de servir vous préparez un plat allant au four : avec une cuiller, vous prenez gros comme une noix de semoule et vous la posez dans votre plat, vous recommencez ainsi jusqu'à ce que toute la semoule soit employée; vous couvrez alors vos noix d'une abondante couche de beurre et de râpé. Vous envoyez au four, à feu gai et vous servez doré et brûlant.

Déjeunez comme si vous ne deviez pas dîner et dînez comme si vous n'aviez pas déjeuné.

Quiche lorraine. — Une livre de farine, 200 gr. de beurre, un peu de sel, un peu d'eau. Travailler le beurre avec la main et un peu d'eau, ajouter la farine, le sel et l'eau. Laisser reposer la pâte, puis l'étendre et garnir une tourtière beurrée, piquer la pâte. Coupez de petits lardons que vous faites revenir à la poêle. Disposez-les sur votre pâte; ajoutez quelques petites noix de beurre. Casser deux œufs, un demi-litre de crème et un peu de sel. Verser sur la pâte et cuire au four à feu vif.

Quiche au jambon. — Foncez une tourtière à rebords avec de la pâte fine; 300 grammes de beurre pour 500 grammes de farine. Piquez la pâte, beurrezla au pinceau et masquez-la avec des tranches minces de jambon cru; poussez la tourtière à four vif, afin de saisir le jambon en le chauffant; retirez-la alors et versez sur le jambon un appareil de crème crue, mêlez avec des œufs une pointe de sucre et un peu de muscade; six œufs par demi-litre de bonne crème. Mettez alors la tourtière au four, bien d'aplomb, et cuisez la quiche au four pendant vingt-cinq minutes; retirez-la et servez-la dans la tourtière.

Tourte d'entrée de godiveau à l'ancienne. — Moulez un morceau de pâte brisée, abaissez-la de la grandeur d'un plat d'entrée, mettez votre abaisse sur une tourtière de même grandeur, étendez une pincée de godiveau au milieu de votre abaisse, posez dessus une bonne pincée de champignons passés et égouttés; mettez quelques culs d'artichauts coupés en quatre ou six; ayez du godiveau; roulez-en des andouillettes de la grosseur que vous le jugerez convenable; mettez-en au-dessus de vos garnitures et tout à l'entour, en sorte que le tout forme un dôme un peu aplati; faites une seconde abaisse un peu plus grande que la première, mouillez le bord de la première, posez la seconde dessus, pour en former le couvercle; soudez les deux ensemble; videz les bords, mouillez votre tourte, mettez un faux couvercle de feuillage découpé, dorez-la, mettez-la cuire au four; sa cuisson faite, levez-en le couvercle, saucez-la d'une bonne espagnole réduite, et servez-la. Autrement vous pouvez vider votre tourte dans une casserole, pour faire jeter un bouillon à sa garniture dans l'espagnole que vous aurez soin de dégraisser; dressez votre tourte, remplissez-la de sa garniture, et servez. Employez le

même procédé à l'égard des tourtes de différents
ragoûts.

*Novembre : saint Martin, patron de la gourmandise, coûte
chaque année la vie à plus d'un million de dindes.*

Petites timbales de pommes de terre. — Prenez
de belles pommes de terre rouges, dites « vitelottes »,
épluchez-les, lavez-les et mettez-les dans un litre de
bon lait, une pincée de sel et couvrez la casserole ;
lorsque les pommes de terre cèdent sous la fourchette,
passez-les à la passoire fine, ajoutez-y 250 grammes
de sucre, un peu de crème et deux blancs d'œufs
battus en neige bien ferme ; incorporer le tout ensemble
(cette pâte doit être assez sèche), beurrez de petits
moules et emplissez-les de votre composition, aux
trois quarts seulement, car les blancs d'œufs feront
monter ; faites cuire à feu doux, démoulez et versez
sur le tout la sauce délicieuse que voici :

Vous prenez un pot de confiture de groseilles de
Bar rouges, et un autre pot de groseilles de Bar
blanches, que vous mêlez ensemble en y ajoutant
un petit verre de marasquin.

*Une belle et bonne chose que l'appétit ; n'en a pas qui veut et
celui qui n'en a pas est furieusement à plaindre. L'appétit est une
jouissance réservée aux êtres intelligents, la faim est un besoin qui
est le partage des gloutons.*

Croquettes de camembert (*Recette normande*).
— Choisissez un fromage de camembert pas trop

frais, enlevez soigneusement toute la croûte et écrasez-le en y mélangeant une égale quantité de sauce béchamelle réduite, assez épaisse, et bien refroidie.

Ajoutez trois cuillerées de crème fraîche, bien épaisse, sel, poivre et pour bien relever le goût, un peu de paprika. Divisez alors votre pâte en petits morceaux que vous roulerez légèrement dans de la farine en cherchant à leur donner la forme d'un œuf de pigeon. Passez ces croquettes dans de l'œuf battu en ensuite dans de la chapelure très fine et blanche, puis plongez-les dans de la friture bien bouillante.

Lorsque ces croquettes commencent à dorer légèrement sortez-les, égouttez-les, et servez-les dans une serviette pliée en soufflet.

Canapés scandinaves. — Sur des tranches triangulaires de mie de pain, vous couchez par-dessus le beurre un lit de poisson fumé et parfumé aux herbes de la montagne. Vous les relevez de rondelles d'œufs durs, de tranches de tomates, de fleurettes, de cornichons ou de betteraves. Saumon, jambon fumé, caviar blanc, fournissent une variété de hors-d'œuvre de haut goût. Ces canapés font un effet charmant sur la table, et plaisent aux estomacs surpris par cet accord inattendu des saveurs sucrées, fumées, salées.

En cuisine, le juste milieu est aussi difficile à trouver que dans la plupart des choses de ce bas monde.

Les tomates de Nène. — Prenez de belles tomates que vous pochez dans du bouillon. Avec les autres tomates, faites un coulis bien lié et parfumé d'ail, échalotes, thym, laurier, sauge, sans oublier l'oignon qui se marie volontiers à la tomate. Ayez six œufs bien frais cuits mollets. Vous préparez votre plat, les tomates au centre, en monticule, les œufs tout autour qui forment comme un récif au bord d'une mer de corail. Cette mer, dans l'espèce, est la belle sauce tomate, si odorante. Ce plat rustique, comme il sied à « Nène », peut être relevé de croûtons frits, de champignons d'automne. Mais il est très savoureux dans sa simplicité.

Pommes de terre à la Herleroy. — Vous préparez un beau plat de pommes de terre frites. Pendant qu'elles sont en train de dorer dans la friture, vous livrez au bain-marie un bol de crème fraîche, mais épaisse, vous lui ajoutez un bon morceau de beurre fin, beaucoup de persil haché, un jus de citron.

Vous jetez vos frites dans cette crème tiède ainsi assaisonnée, vous faites sauter, pour que toutes les pommes de terre reçoivent ce velouté tiède, et vous servez.

Soyez sûrs que le plat ne sera jamais assez copieux pour l'appétit de vos convives.

Artichauts à la romaine. — Prenez de tendres artichauts italiens et épluchez-les en enlevant graduellement les feuilles dures pour ne laisser que le cœur des feuilles et le fond. Laissez baigner ces petits artichauts un bon moment dans de l'huile d'olive où vous aurez mis de l'ail hachée, du persil haché, du sel, du poivre et si vous le pouvez un peu de menthe de campagne hachée finement. Mettez-les ensuite dans une casserole avec beaucoup d'huile et un peu d'eau. Laissez réduire le jus jusqu'à ce que les artichauts deviennent bien dorés.

L'artichaut est un légume volage, son cœur est un symbole d'inconstance et de caprice. Ce fumiste d'amour n'a-t-il pas des feuilles pour chaque bouche comme on a des baisers pour toutes les lèvres?

Salade nouvelle. — On cherche beaucoup des alliances imprévues pour les salades qui accompagnent le foie gras. En voici une, très agréable : laitue, relevée de fines herbes et d'estragon aux tranches d'oranges dont la chair est mise à nu.

Asperges à l'italienne. — Faites cuire dans l'eau bouillante salée, de belles asperges régulières. Egouttez-les bien et rangez-les sur un plat, les pointes se rejoignant au milieu du plat. Versez dessus d'abord abondamment de beurre fondu blanc, une bonne quantité de fromage râpé par moitié gruyère et parmesan, puis toujours sur tout cela placez un œuf au plat par personne, en assaisonnant de haut goût vos œufs dans le jaune desquels on trempera le bout de l'asperge déjà enrobée de bon beurre.

L'asperge est une tige de vie qui repousse sans cesse ; avec elle, on a le printemps dans son assiette.

Aubergines à la bolognese. — Coupez dans le sens de la longueur et en tranches minces des aubergines bien saines. Mettez dessus du sel pour leur faire rendre leur eau, égouttez-les sur un linge et faites-les frire à l'huile bouillante. Égouttez-les sur un papier pour les sécher du surcroît de friture. Faites griller un piment vert doux, épluchez-le, enlevez les graines et coupez-le en julienne très fine. Faites-le frire dans du beurre, ajoutez quelques cuillerées de conserve de tomates, allongez la sauce avec du bouillon, salez et poivrez et laissez cuire dix minutes. Faites frire à la poêle des tranches de bacon, et dans un plat allant au four mettez une couche de bacon, une couche d'aubergines frites, une couche de piment et sauce tomates, puis une bonne couche de fromage râpé, ainsi de suite jusqu'à épuisement de vos provisions. Parsemez dessus quelques noisettes de beurre, un peu de chapelure et faites gratiner au four.

Champignon à la Vidal *(Spécialité du Relais de la Belle Aurore).* — Ce champignon prodigieux est fait d'un succulent os à moelle couronné d'un chapeau de champignon servi sur des laitues braisées, relevées de foie gras, truffes émincées, rondelles de cervelles, et escalope fine de veau à la glace, le tout arrosé d'une sauce bordelaise réduite avec jambon cru d'Amboise.

Coquilles aux champignons à la Gabrielle. — Épluchez de petits champignons de couche et mettez-les dans l'eau avec une cuillerée de vinaigre. Mettez de l'eau dans une casserole avec du sel et mettez-y vos champignons ; cinq minutes de cuisson à partir de l'ébullition. Retirez-les, égouttez-les. Faites une béchamelle, ajoutez-y deux jaunes d'œufs délayés avec un jus de citron et un peu de lait, faites un mélange loin du feu pour que les œufs ne cuisent pas. Ajoutez les champignons. Mettez dans des coquilles Saint-Jacques, saupoudrez de chapelure fine et d'une noisette de beurre. Passez au four quelques minutes.

Un souper doit être léger, c'est un repas consacré plutôt au plaisir qu'à l'appétit.

Chou Margaret. — Prenez une pomme de chou bien blanc et bien dur, de ceux qu'on appelle « cœur de bœuf ». Lavez-le bien et mettez-le à cuire, ainsi formé, dans une casserole d'eau bouillante salée. Laissez cuire jusqu'à ce qu'il soit attendri, mais pas trop, pour qu'il garde bien sa forme. Sortez-le de l'eau avec précaution et laissez-le bien s'égoutter. Un quart d'heure avant de servir faites une sauce béarnaise assez abondante, dans laquelle vous mettrez quelques huîtres frites. Versez le tout sur le chou mis dans un plat creux en lui conservant bien sa forme.

Très joli l'aspect du chou-fleur au teint de créole, ses branchettes élégantes et capricieuses ont l'air de branches de corail trempées dans un léger safran.

Haricots verts à la toulonnaise. — Faites cuire des haricots verts très fins à l'eau bouillante salée.

Égouttez-les bien. Préparez une mayonnaise dans laquelle vous aurez mis quelques gousses d'ail finement hachées. Faites chauffer très fort vos haricots dans une casserole sans remettre sur le feu, ajoutez votre mayonnaise en mélangeant vivement le tout. Servez immédiatement.

Parmi ceux qui mangent il y a : des gourmets, des gourmands, des friands, des goulus, des gloutons, des goinfres !

Haricots frais à la Monte-Carlo. — Prenez de gros haricots blancs frais écossés et faites-les cuire à l'eau bouillante salée. Lorsqu'ils sont bien cuits égouttez-les. Prenez un bon morceau de poitrine de porc maigre et salée, coupez-la par morceaux et faites-la revenir dans du bon beurre et un peu d'huile, ainsi que quelques rondelles de saucisson fumé et des oignons finement émincés. Ajoutez vos haricots, un bon bouquet garni, une pointe d'ail, et laissez mijoter trois quarts d'heure à feu doux ou mieux encore dans le four.

Le haricot est le roi des potagers comme la pomme de terre est la reine des champs.

Morilles à la piémontaise. — Lavez soigneusement des morilles, coupez les plus grosses en deux, mettez-les cuire dans du bouillon à feu doux pendant deux heures. Salez, poivrez. Faites une béchamelle en vous servant du jus de cuisson pour mouiller. Ajoutez-y les morilles et une forte cuillerée de crème très épaisse. Coupez des canapés dans un pain de mie, faites-les dorer au beurre, garnissez-en un plat creux, parsemez largement de fromage râpé et versez dessus morilles et sauce.

Pommes de terre à la diable. — Choisissez de préférence des pommes de terre farineuses : faites-les cuire en robe de chambre, épluchez-les et écrasez-les pendant qu'elles sont bien chaudes. Battez bien en purée et ajoutez 60 grammes de beurre, 2 jaunes d'œufs et les blancs battus en neige. Travaillez longtemps cette purée, ajoutez-y en pluie un peu de farine pour épaissir, puis formez une pâte bien ferme que vous disposerez en forme de petits pains allongés sur une tourtière. Mettez sur chaque petit pain un morceau de beurre et faites dorer au four.

Oignons à l'Escoffier (*Spécialité du Relais de la Belle Aurore*). — Préparez ce hors-d'œuvre la veille. Prenez un litre de petits oignons. Épluchez-les bien. Dans une casserole mettez vos oignons avec 100 grammes de sucre, 125 grammes de raisins de Smyrne, 5 cuillerées à bouche de purée de tomate, et 4 d'huile d'olive avec sel, poivre en grains, coriandre, cayenne, thym, laurier. Mouillez le tout de deux tiers de vin blanc et un tiers de vinaigre; laissez mitonner et réduire de moitié. Servez vos oignons dans une coupe; ils ont la couleur du bordeaux et une saveur exquise.

La pelure fine et délicate de l'oignon a des reflets de satin : en été c'est de l'argent, en hiver de l'or.

Les pommes d'or *(Spécialité du restaurant de la Pomme d'Or).* — Faites cuire au four de belles et farineuses pommes de terre. Une fois cuites, vous en extrayez la pulpe sans briser la robe croustillante. De cette chair, vous faites une farce relevée de champignons émincés et de crème fraîche. Vous remettez cette farce de bon goût dans la robe de la pomme de terre, vous saupoudrez de gruyère puis de beurre fondu, et passez au four pour dorer.

Potiron à la vénitienne. — Prenez 1 kilo de potiron bien jaune et 1 kilo d'oignons, faites-les cuire séparément à l'eau bouillante salée; lorsqu'ils seront bien cuits égouttez-les. Mettez dans un plat allant au feu ou dans une casserole 60 grammes de graisse et 60 grammes de beurre, mettez un lit d'oignons, un lit de fines tranches de pain rassis, un lit de fromage râpé, gruyère et parmesan, un lit de potiron en purée; recommencez deux ou trois fois jusqu'à épuisement de vos marchandises. Laissez mijoter sur le coin du fourneau environ pendant une demi-heure. Réunissez vos deux jus de cuisson que vous aurez mis de côté, faites-les réduire en y ajoutant un bon morceau de glace de viande ou un bon fond de jus de rôti. Salez et poivrez bien, versez ce jus sur votre préparation au moment de servir votre plat.

Tomates Fanchon. — Prenez de belles tomates bien rondes et bien mûres, lavez-les et coupez une rondelle sur le dessus de chacune d'elles, ensuite creusez-les en enlevant les graines comme si vous vouliez les farcir. Quand elles sont ainsi prêtes, remplissez-les en partie de mayonnaise et achevez de remplir avec du jaune d'œuf passé à travers une passoire à gros trous. Le jaune d'œuf doit recouvrir un peu le bord de chaque tomate. Servir sur une salade de laitue à la mayonnaise, bien relevée.

Aubergines Adilah. — A l'aide d'une cuillère à café, creusez de belles aubergines et enlevez une partie de la chair que vous hacherez avec de la viande maigre de veau ou de mouton. Faites une farce avec cette préparation et du riz cuit à l'eau. Sel, poivre, un grain de paprika, thym, laurier, sauge, basilic si possible. Remplissez vos aubergines avec ce hachis. Incisez par endroit la peau des aubergines et dans ces interstices, mettez de l'oignon et de l'ail hachés en petite quantité. Plongez dans de la friture d'huile bouillante et laissez cuire à moitié. Egouttez, rangez dans une sauteuse ou un plat allant au four, arrosez d'une bonne sauce tomate et laissez mijoter doucement une heure.

Carottes Paule Bayle. — Versez un demi-verre d'huile dans une casserole; lorsqu'elle fume jetez-y des carottes coupées en tranches rondes et minces. Faites roussir à tout petit feu. Lorsqu'elles seront presque cuites faites un trou au milieu pour y jeter un peu d'oignon haché très fin. Dès que l'oignon aura roussi à son tour, mélangez le tout avec une cuiller de bois et jetez dessus un peu de farine, un peu d'eau chaude, du persil, sel, poivre, et laissez mijoter longtemps à petit feu. Au moment de servir faites une liaison avec deux jaunes d'œufs délayés dans un peu de vinaigre.

Courgettes Suzette (*Recette particulière de Mme Audigier*). — Faites cuire à l'eau salée, acidulée d'un jus de citron, de belles courgettes pas longues et coupées en deux.

Aux trois quarts de la cuisson retirez-les, égouttez-les soigneusement. Préparez d'autre part une purée de champignons et étalez-en une bonne couche sur chaque courgette.

Faites pocher des œufs, ébarbelez soigneusement, et placez-en un sur chaque demi-courgette ; recouvrez d'une sauce à la crème assez épaisse, saupoudrez le tout de fromage de parmesan râpé et de gruyère râpé en parties égales, quelques grains de chapelure, une noisette de beurre et passez au four quelques minutes.

Toute Française, à ce que j'imagine,
Sait bien ou mal faire un peu de cuisine.
(VOLTAIRE.)

Pommes de terre surprises. — Prenez de belles et grosses pommes de terre de Hollande bien farineuses que vous laverez bien, à raison d'une par personne. Faites une incision assez profonde sur le haut de la pomme de terre de façon à obtenir une sorte de bouchon, et à l'aide d'une petite cuillère un peu tranchante, spéciale pour évider les légumes, enlevez assez de chair pour y faire tenir un œuf entier, blanc et jaune. Mettez une noisette de beurre dans le fond, sel et poivre, un peu de fromage râpé, l'œuf entier, de nouveau sel, poivre, fromage râpé et beurre, puis bouchez votre pomme de terre avec le bouchon que vous aurez retiré au début. Passez tout autour un peu de blanc d'œuf pour bien joindre l'ouverture.

Faites cuire au four vif comme pour des pommes de terre ordinaire dites « pommes sous la cendre ». Lorsque l'on ouvre la pomme de terre sur l'assiette, la surprise est grande d'y trouver un œuf mollet à 'l'intérieur.

Tomates à l'italienne. — Prenez de belles tomates bien mûres, enlevez les cœurs et réservez cette chair sur une assiette. Salez et poivrez l'intérieur de vos tomates.

D'autre part faites cuire dans de l'eau salée une bonne poignée de coquillettes aux œufs. Egouttez-les et mélangez-y un bon morceau de beurre et 100 grammes de parmesan râpé. Dans une casserole, mettez la chair des tomates tenue en réserve, sel, poivre, thym, laurier, sauge, persil et oignon haché. Laissez bien cuire, ajoutez un petit morceau de beurre. Lorsque cette purée est bien cuite, passez-la au tamis et ajoutez-la à vos coquillettes. Mêlez bien le tout et remplissez vos tomates en formant un petit dôme. Sur chaque tomate saupoudrez de la chapelure et terminez avec une bonne noisette de beurre. Mettez au four vingt minutes. Laissez bien gratiner. Se mange froid ou chaud.

Cris chers de notre enfance, où êtes-vous? : « Pois ramés, pois écossés au boisseau, pois verts au boisseau... Cresson de fontaine la santé du corps, à six liards la botte, à six liards la botte... Il arrive, il arrive le maquereau... »

Haricots verts à la montagnarde. — Coupez en dés un morceau d'environ 100 grammes de poitrine de lard maigre et mettez-la dans une poêle avec un oignon coupé très fin et un bon morceau de beurre. Faites revenir le tout sans laisser trop frire. Ajoutez une livre de haricots verts épluchés et crus, trois belles tomates bien mûres, pelées et égrenées et coupez par morceaux. Une grande cuillerée d'huile d'olive, sel et poivre. Laissez cuire à l'étouffée. Le jus des tomates et la vapeur doivent suffir à mouiller les haricots jusqu'à cuisson : au cas où les haricots sembleraient trop secs, ajoutez une légère goutte d'eau ou une autre cuillerée d'huile. Durée de la cuisson environ une heure à feu moyen, et poêle ou casserole couverte.

La maîtresse de maison doit recommander à ses domestiques d'être sourds et muets pour tout ce qui n'est point relatif au service de la table.

Tchatchouka *(plat arabe, communiqué par* Mme *Audigier).* — Choisissez de beaux piments doux, ouvrez-les en deux sur la longueur, retirez-en les graines. Mettez dans une poêle 3 ou 4 cuillerées d'huile d'olive dans laquelle vous aurez jeté deux ou trois gousses d'ail épluchées; laissez bien chauffer. Plongez-y vos piments et faites frire. Egouttez bien. Dans de l'huile bouillante également, faites frire des tomates égrainées et coupées par moitié : faites égoutter. Rangez dans un plat en alternant vos tomates et vos piments et recouvrez le tout avec des œufs au plat assaisonnés d'un grain de paprika.

La gastronomie est la reine du monde.

Les aubergines Opéra. — Prenez deux aubergines, épluchez-les, coupez-les en liards, assaisonnez-les de sel et de poivre, faites-les sauter au beurre, puis égouttez. D'autre part, prenez trois tomates, que vous aurez soin d'émonder pour enlever la peau, émincez et faites-les sauter au beurre comme les aubergines.

Rangez dans un légumier ou dans une timbale une couche d'aubergines que vous saupoudrez de fromage râpé. Alternez avec la tomate jusqu'à ce que votre légumier soit plein, puis faites gratiner au four et servez.

Les artichauts Grand-Duc. — Vous prenez des fonds d'artichauts que vous garnissez copieusement de pointes d'asperges. Vous arrosez d'une sauce à la crème et vous envoyez le plat en mettant une rondelle de truffes pour chaque convive.

L'insomnie, les douleurs, les angoisses sont pour l'homme intempérant.

Riz à l'indienne. — Faites revenir au beurre un peu d'échalote hachée que vous mouillerez avec le fonds qui doit servir à la cuisson du riz. Ajoutez un peu de poudre de curry et de pâte de mulligatawny, un peu de sel et de paprika. Cuisez un moment ; passez à la passoire fine.

Mouillez avec ce fonds votre riz. Ajoutez un bon morceau de beurre. Dès que l'ébullition commence, couvrez-le. Au bout de vingt minutes, votre riz doit être cuit et bien égrené.

Sauce indienne. — Faites revenir au beurre deux oignons, deux gousses d'ail, bien blonds. Ajoutez un peu de curry, un peu de mulligatawny. Ajoutez aussi deux pommes reinettes un peu acides coupées en dés. Mouillez avec du bon fond et laissez cuire. Passez à l'étamine, versez dans une petite casserole. Ajoutez un peu de demi-glace; faites dépouiller, rectifiez l'assaisonnement et saucez-en les cailles, poulet, mouton, qu'il vous plaira de servir ainsi.

Les convives mal placés à table perdent leur valeur comme des zéros qui, rangés côte à côte, ne seraient pas précédés d'un chiffre.

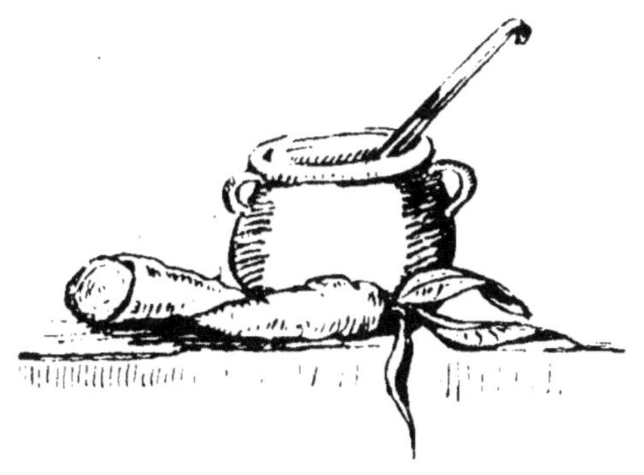

ENTREMETS

J'ai gardé souvenir d'un délicieux gâteau que l'on offrait au thé chez Paul Margueritte, et qui était confectionné par sa charmante jeune femme. En voici la recette :

Gâteau Paul Margueritte. — Prenez 100 gr. de sucre en poudre, 90 grammes de fécule de pomme de terre, 4 œufs. Battez vos blancs en neige dure, et les incorporez à votre pâte faite par le mélange bien lisse des jaunes, du sucre, de la fécule. Vous choisirez comme parfum le zeste du citron, qui est si frais, ou l'eau de fleur d'oranger, qui est très Second Empire. Cette pâte doit être mise dans un moule à biscuit rond, qui s'ouvre par une charnière, de façon à ne pas abîmer votre gâteau en le sortant du four où il doit cuire vingt minutes à feu très doux. Tout le secret de la cuisson, si délicate, est dans cette température du four.

Lorsqu'il est cuit et refroidi, vous l'ornez de tranches d'ananas de conserve, alternant avec des quartiers d'oranges dépouillées de leur fine enveloppe. La décoration doit être jolie à l'œil. Vous servez ce gâteau Paul Margueritte avec une saucière de crème anglaise, au même parfum, ou avec un sabayon.

Saucisson sucré à la Clélia. — Faites une pâte feuilletée, étendez-la sur une épaisseur d'un centimètre, ne salez pas et recouvrez de lamelles très fines de pommes de reinettes largement saupoudrées de sucre mêlé à une pincée de canelle et à un peu d'écorce de citron râpé. Parsemez de raisins de Smyrne et de Corynthe. Roulez avec beaucoup de précaution pour ne pas déchirer la pâte, faites cuire à four doux en recouvrant le saucisson d'un papier huilé pour que la pâte ne cuise pas trop vite. Peut se manger chaud ou froid, coupé en grosses tranches et accompagné d'une crème à la vanille ou au citron.

Il faut généralement choisir le sucre ayant le grain serré et d'un blanc brillant.

Crème pour la suralimentation. — Bien délayer ensemble six jaunes d'œufs dans un demi-litre de bouillon. Faites prendre au bain-marie et laissez refroidir. Coupez en dés et mettez dans du bouillon chaud. Dans chaque cuillerée qu'on avale mettez un dé de crème. On peut remplacer le bouillon par du lait.

Crème d'été (*Recette communiquée par l'hôtel du Simplon à Baveno*). — Faites tremper pendant douze heures le zeste de quatre citrons dans un quart de litre d'eau, ou un peu plus si les citrons ne trempent pas complètement. Retirez les zestes et faites dissoudre dans cette eau parfumée 250 grammes de sucre en poudre. Ajoutez le jus des quatre citrons et le blanc de quatre œufs avec un seul jaune. Faites cuire le tout sur feu doux jusqu'à ce que le mélange devienne épais. Se sert très froid dans de petits pots

Crème Portugal. — Dans cinq œufs entiers bien battus, ajoutez peu à peu une cuillerée à bouche de fécule de pomme de terre, sucrez à votre goût, ajoutez une petite cuillerée à café de cannelle en poudre, et des amandes ou noisettes pilées et grillées, et aussi un peu de vanille en poudre. Mettez ce mélange dans un plat allant au feu et cuisez quinze minutes au four. Saupoudrez de sucre vanillé et d'amandes hachées. Mangez froid.

On est heureux lorsque naît l'appétit, joyeux quand il vit, satisfait quand il meurt.

Crème zanzibar. — Prenez un litre de lait, quatre tablettes de bon chocolat et 175 grammes de fine mie de pain. Faites cuire le tout ensemble pendant une demi-heure en mélangeant avec soin. Lorsque la pâte est bien épaisse, passez au tamis, ajoutez un œuf, quelques amandes douces, pilées. Beurrez un moule et versez-y le tout. Faites cuire environ une heure et demie, moitié au bain-marie, moitié au four. Faites refroidir dans l'eau de cuisson et démoulez le lendemain au moment de servir. Servez avec une crème liquide à la vanille.

Crème romaine. — Un litre de crème fraîche, une demie feuille de gélatine, un tiers de tasse à thé d'amandes émondées, une cuillerée à café de vanille en poudre, quatre cuillerée à bouche de kirsch. Mettez la crème dans un saladier sur la glace et battez-la ferme; ajoutez le sucre, la gélatine fondue avant dans très peu d'eau chaude. Battez tout le temps : ajoutez le kirsch après avoir mis la vanille et quand la crème se tient bien. En dernier lieu mêlez les amandes hachées finement. Lorsque la crème est tout à fait ferme mettez-la dans une caissette en papier, parsemez de pistaches hachées et de de sucre granulé un peu gros. Laissez-la au moins une heure sur la glace avant de servir.

Crème printemps. — Travaillez ensemble 4 jaunes d'œufs avec 100 grammes de sucre en poudre, et délayez avec un verre de lait. Placez sur feu doux en tournant jusqu'à ce que la crème prenne, mais sans bouillir. Au moment ou la crème va entrer en ébullition retirez du feu et introduisez 6 grammes de gélatine préalablement amollie à l'eau froide; tournez jusqu'à fonte complète de la gélatine; passez au tamis et laissez refroidir. Introduisez alors 150 gr. de fraises passées au tamis et arrosées du jus d'un demi citron. Laissez prendre. Lorsque le tout va être coagulé, incorporez un décilitre de crème fouettée additionnée de 50 grammes de fraises des bois très mûres. Versez dans un moule à charlotte uni et huilé; placez au frais ou mieux sur la glace. Laissez prendre. Au moment de démouler, trempez une seconde votre moule dans l'eau très chaude, aller et retour et versez sur une serviette de dentelle.

***

Dresser une table correcte est un art.

Zabaglione à froid. — Pour un jaune d'œuf, deux cuillerées à bouche de sucre en poudre, travaillez ferme pendant une vingtaine de minutes. Ajoutez ensuite à cette crème bien lisse, une cuillerée à bouche de rhum ou de kirsch par jaune. Battez encore, puis ajoutez très doucement vos blancs battus en neige ferme. Cette crème se sert dans des coupes, des verres, ou des tasses et se prépare au dernier moment. Le blanc d'œuf en neige a la propriété de rendre cette crème beaucoup plus légère et par conséquent beaucoup plus digestive. C'est un bon reconstituant pour les convalescents.

Un repas est insipide s'il n'est assaisonné d'un grain de folie.

Zabaglione à chaud. — Pour chaque jaune d'œuf, prenez une cuillerée à bouche de sucre en poudre, battez au fouet très énergiquement jusqu'à obtenir une crème lisse et épaisse comme une belle mayonnaise. Ajoutez pour chaque jaune d'œuf deux cuillerées de Marsala, ou de Madère. Si vous voulez moins fort coupez avec deux ou trois cuillerées d'eau. Battez encore un moment et mettez sur le feu en travaillant vivement avec une roulette, un moussoir ou un fouet, mais ne laissez pas bouillir. Lorsque la crème a atteint une certaine consistance levez-la du feu et versez-la dans des tasses, des coupes ou des verres. Cette crème redescend très vite et redevient liquide, il est donc préférable de la faire au dernier moment. Si on veut la faire plus économiquement, on peut ajouter un blanc ou deux pour quatre ou six œufs.

Rien n'est à la fois plus difficile et plus facile que de faire un peti discours à la fin d'un dîner familial, il n'y a qu'à laisser parler son cœur, on est sûr d'être compris.

Royal Picardie. — Pour six personnes, trempez douze biscottes dans du lait chaud sucré. Écrasez-les et ajoutez deux jaunes d'œufs et deux blancs montés en neige. D'autre part, faites macérer des fruits confits hachés fins dans un verre de marasquin ou autre liqueur. Mélangez le tout, jusqu'à ce que la pâte soit parfaitement homogène. Versez dans un moule beurré et carmélisé. Quarante-cinq minutes de cuisson au four. Démoulez, servez avec des morceaux de sucre arrosés de bon et fort rhum et mettez-y le feu. Ou bien servez froid avec une crème à la vanille un peu liquide.

La sobriété est la conscience des mauvais estomacs.

Gâteau au citron à la romaine. — Prenez 3 beaux citrons et faites-les cuire jusqu'à ce qu'ils deviennent mous, dans de l'eau. Plongez-les ensuite dans de l'eau froide où ils resteront vingt-quatre heures en changeant plusieurs fois l'eau. Battez 5 jaunes d'œufs avec 250 grammes de sucre en poudre et ajoutez ensuite 150 grammes d'amandes hachées ou pilées et ajoutez encore les citrons passés au tamis. A cela mélangez les 5 blancs bien battus en neige. Mettez dans un moule un peu haut 5 centimètres environ et cuisez au four.

Délicieuses crottes d'âne. — Mettez dans un saladier 250 grammes de farine tamisée, 4 jaunes d'œufs et remuez bien. Prenez 10 grammes de levure et délayez-la dans un peu de lait tiède, ajoutez-la à la pâte ainsi que 65 grammes de beurre à peine fondu et 8 morceaux de sucre fondu dans un peu de lait chaud. Battez et travaillez fortement cette pâte. Montez vos blancs en neige ferme et mélangez-les à la pâte. Parfumez avec 10 grammes de bon rhum, une pincée de sel puis ajoutez encore 250 grammes de farine. Remuez toujours avec une fourchette au moins pendant vingt minutes; plus la pâte sera travaillée meilleure elle sera. Laissez reposer trois heures près du feu si possible. Faites des noix de pâte, jetez-les dans la friture bouillante, égouttez-les bien et saupoudrez de sucre vanillé.

Gâteau Lulu. — Prenez deux œufs, deux cuillerées à bouche de farine de gruau et deux de farine de maïs, une cuillerée de miel. Avec ces divers ingrédients formez une pâte que vous délayez peu à peu en versant et en tournant votre demi-litre de lait chaud sucré. Versez ce mélange dans un plat beurré allant au four et faites cuire à four très chaud. Quand le gâteau est bien doré, retirez-le du four et servez chaud, de préférence avec une crème anglaise.

La gloutonnerie châtie le glouton.   (V. HUGO.)

Far breton *(Recette de Mme Lecœur)*. — Délayez 250 grammes de farine, 250 grammes de sucre en poudre, quatre œufs entiers avec un litre de lait et une cuillerée à bouche de cognac. Versez dans une tourtière beurrée et laissez cuire environ trois quarts d'heure à four moyen. On peut ajouter quelques raisins de malaga que l'on pique çà et là dans le far avant de le mettre au four.

Salade ma divine. — Faites gonfler sur le coin du fourneau, dans du vin blanc, 125 grammes de beaux pruneaux, 125 grammes de figues et 125 gr. de raisins de Malaga. Dénoyautez les pruneaux, épépinez les raisins. D'autre part faites une mayonnaise au beurre chaud en remplaçant le vinaigre par un jus de citron. Faites macérer vos fruits coupés en morceaux, dans du rhum, retirez-les, déposez-les sur un plat et recouvrez de votre mayonnaise sur laquelle vous semerez des pistaches et des amandes effilées.

Rien de plus délicieux dans la vie que le coin du feu, une salade de homards, du champagne et la causette.

(Lord Byron.)

Oranges à la Raquel Meller. — Prenez trois oranges, deux œufs, sucre à volonté et deux feuilles de gélatine. Coupez vos oranges perpendiculairement. Videz ces moitiés sans trouer les pelures que vous remplirez ensuite de la crème suivante. Passez à la fine passoire la pulpe des oranges évidées. Cassez deux œufs entiers et passez-les aussi à la passoire, bien battus. Sucrez à votre goût et ajoutez-y le jus de vos oranges ainsi que la gélatine dissoute dans très peu d'eau chaude. Sur un feu très doux faites une crème sans laisser bouillir. Remplissez vos demi-oranges de cette crème ; mettez sur la glace. Garnissez ensuite avant de servir de belles violettes candies.

A la Saint-Martin, bonde ta barrique et bois ton vin.

Pommes de la petite fille gourmande. — Faites macérer pendant deux heures, 25 grammes de tapioca dans un peu d'eau, versez ce mélange dans un demi-litre de lait bouillant et laissez cuire doucement pendant vingt minutes. Épluchez des pommes, autant que possible prendre des pommes tendres, calville ou reinettes du Canada, les couper en quatre et les disposer dans un plat creux allant au four. Saupoudrez-les d'une épaisse couche de sucre en poudre et versez le tapioca dessus. Arrosez ensuite d'un verre de vin blanc, parfumez au citron ou à l'orange. Faites cuire au four doux une heure. Se mange chaud.

Un convive serait coupable s'il médisait de l'amphytrion pendant les trois heures qui suivent le repas ; la reconnaissance doit durer au moins autant que la digestion.

Pudding de pommes en hérisson. — Prenez une douzaine de belles pommes à cuire ; pelez-les, enlevez le cœur des huit plus belles et coupez les autres en tranches. Mettez vos pommes à la casserole avec du sucre et de l'eau et laissez-les cuire jusqu'à ce qu'elles soient tendres. Retirez-les et placez-les sur un plat soigneusement. Avec vos autres pommes faites une compote que vous passerez. Etendez une couche de cette compote sur un plat et mettez dessus vos pommes entières que vous recouvrirez de compote de façon à former un dôme. Battez en neige deux blancs d'œufs, sucrez-les et placez-les légèrement au-dessus de vos pommes. Décorez la surface avec des rangées régulières d'amandes effilées simulant le piquant du hérisson. Servir chaud ou froid à volonté.

Les glaces et sorbets sont le complément de tout bon dîner.

Gâteau romain. — Prenez six œufs bien frais, battez les blancs en neige ferme et travaillez les jaunes avec deux cuillerées à bouche de sucre en poudre. Mêlez ensemble 10 grammes de fécule et 25 grammes de sucre en poudre. Ajoutez les jaunes en les versant lentement dans la fécule. Tournez bien. Joignez le jus d'un citron et le zeste râpé. Mélangez bien et ajoutez les blancs en neige, mélangez à nouveau rapidement et complètement. Graissez un moule, remplissez-le au tiers seulement et faites cuire au four, jusqu'à qu'il remplisse complètement le moule. Se sert avec une crème liquide à la vanille.

Charlotte Vladimir. — Garnissez un moule avec du pain de Gênes coupé en fines tranches, et enduisez légèrement ces tranches de marmelade d'abricots. Remplissez l'intérieur avec de la crème fouettée sucrée et parfumée au kirsch. Parsemez dans votre crème des demi-cerises candies et des morceaux d'abricots candis également. Mettez cinq heures sur glace et démoulez sur une serviette.

Œufs mystère. — Prenez un œuf, à l'aide d'une grosse aiguille faites un trou à chaque extrémité et soufflez violemment pour en chasser le contenu. Fermez ensuite un des deux trous avec quelques gouttes de chocolat qui durcira en refroidissant. Remplissez alors votre œuf par l'autre bout avec du chocolat fondu assez épais et bouchez avec un peu de sucre en poudre légèrement mouillé. Laissez bien refroidir et servez à un déjeuner intime ou à un goûter d'enfants dans des coquetiers, comme œufs à la coque. L'effet de la surprise est toujours très divertissant.

Le gourmand finit par être satisfait ; le gourmet, jamais.

Nougat aux pignoles. — Cuisez à feu très doux et en ayant soin de remuer sans cesse 500 grammes de miel auquel vous incorporez peu à peu deux blancs d'œufs battus en neige. Mêlez ensuite à votre pâte un demi kilogramme de pignoles ou amandes de pin franc, émondées et séchées. Lorsque votre nougat commence à refoidir coupez-le en tranches que vous mettrez entre deux bandes de pain d'hostie.

Beignets Caponi. — Mêlez 500 grammes de fromage blanc ou de lait caillé avec 200 grammes de mie de pain émiettée très fine, 3 œufs entiers, 15 grammes de sucre en poudre ou plus si vous aimez très sucré puis 3 ou 4 cuillerées de crème fraîche. Ajoutez encore 60 grammes de raisins de Corinthe, un rien de muscade râpée, une pincée de sel et autant de farine qu'il en faut pour avoir une pâte capable de faire des boulettes que vous aplatissez et faites frire dans la friture d'huile bouillante. Servez très chaud, saupoudré de sucre en poudre et accompagné d'une saucière de jus de groseilles.

Gâteau lillois. — Ce gâteau est très facile à préparer et est très léger. Délayez deux cuillerées à bouche de fécule dans un peu d'eau froide, ajoutez-y peu à peu en remuant un demi-litre de lait tiède sucré et faites cuire à feu doux en remuant souvent pour que cela n'attache pas. Battez deux œufs avec le même poids de sucre en poudre et incorporez doucement ce mélange à la pâte. Laissez cuire un instant sur le côté du fourneau sans laisser bouillir, puis versez dans un compotier en masquant le gâteau avec un caramel préparé à part. Ce gâteau se mange froid.

La digestion est affaire d'estomac et les indigestions affaires des médecins.

Entremets à la Caponi. — Préparez un demi-litre de crème renversée parfumée au kirsch ou au marasquin. Versez-la dans un moule à savarin et faites cuire au bain-marie. Laissez refroidir, démoulez sur un plat rond. Garnissez le centre avec des moitiés d'abricots de conserve. Couvrez de crème de Chantilly parfumée au marasquin.

Pudding Nesselrode. — Préparez un litre de crème anglaise, 250 grammes de fine purée de marrons, 125 grammes de raisins secs gonflés à l'eau tiède, de l'écorce d'orange et des cerises confites coupées en dés, en quantité à peu près égale. Tous ces fruits doivent être macérés à l'avance dans du kirsch sucré. Ajoutez 250 grammes de crème fouettée dans votre crème anglaise, puis vos fruits, et parfumez au marasquin. Garnissez un moule à charlotte de papier blanc, et versez dedans tout votre mélange. Fermez hermétiquement et glacez fortement. Laissez prendre deux heures sur la glace.

C'est un devoir de préserver et d'élever la personne morale de ses domestiques; ne dit-on pas : tel maître, tel valet.

Fraises Nénette. — Remplissez, aux trois quarts, de glace vanille ou mieux de biscuits glacés à la vanille une timbale ou coupe en argent. Mettez cette timbale dans la glace pilée et garnissez-la abondamment de fraises rafraîchies arrosées de marasquin. Recouvrez le tout avec de la pulpe de framboises épaisse, bien sucrée et rafraîchie elle aussi à la glace.

La pêche appelle les lèvres sur ses jolies joues fraîches et veloutées.

Castagnaccia. — Faites une pâte avec environ un kilogramme de châtaignes décortiquées et cuites à l'eau bien épluchées et passées au tamis. Ajoutez un quart de crème fraîche et un quart de sucre en poudre. Versez cette pâte sur une tourtière beurrée, laissez refroidir et épaissir. Lorsque la pâte est devenue compacte incorporez-y 50 grammes de noisettes ou d'amandes pilées. Aplatissez la pâte nouvelle dans la tourtière et laissez-la se solidifier à nouveau. Coupez-la bien froide, en tranches, comme une galette.

Pralines Borie. — Mettez dans une poêle 125 grammes d'amandes douces avec la peau et 250 grammes de sucre en morceaux, puis imbibez légèrement de café pour faire fondre le sucre ; mettez de la vanilline, puis mettez sur le feu. Lorsque les amandes claquent, enlevez très vite et tournez vivement jusqu'à réduction du sucre en sable. Retirez les amandes de la poêle et placez-les sur une assiette. Divisez le sucre de la poêle en deux et imbibez-en la moitié dans la poêle encore légèrement avec du café. Lorsque le sucre tourne en caramel blanc, précipitez les amandes sur le feu dans ce caramel et enlevez comme la première fois. Remuez très vivement et recommencez la même opération une seconde fois.

Fragilités Yolande. — Mettez un quart de macarons broyés assez finement dans une jatte, versez dessus un demi-verre de lait bouillant sucré, deux cuillerées de rhum, deux jaunes d'œufs et deux blancs battus en neige très ferme. Mêlez légèrement et versez dans un moule bien beurré ou caramélisé. Enfournez, cuisez et démoulez chaud. Servez froid avec une crème anglaise à la vanille ou au rhum.

Boum-Boum. Faites chauffer au four doux de petites brioches de la veille. Enlevez le dessus, pour former un couvercle; creusez un peu l'intérieur en enlevant légèrement un peu de la pâte. Remplissez ce vide de marmelade d'abricots arrosée de kirsch. Remettez le couvercle. Faites un caramel et arrosez le tout avec ce caramel. C'est un dessert vite fait, peu coûteux et excellent.

Macarons Marinette. — Mélangez 3 jaunes d'œufs avec 3 tasses à café de sucre en poudre, 3 tasses à café de farine et un peu d'eau. Triturez bien le tout, ensuite ajoutez doucement 3 blancs d'œufs en neige bien ferme et mélangez le tout bien à fond. Beurrez légèrement une tourtière et disposez-y la pâte par petits tas assez espacés. Cuisez à feu doux et détachez vos macarons quand ils sont très chauds.

Lorsque j'ai bien mangé, mon âme est ferme à tout
Et le plus grand revers n'en viendrait pas à bout !

(MOLIÈRE.)

Œufs sur le plat Marguerite. — Faites une crème Chantilly, déposez-la sur un plat à œufs et mettez dessus, pour simuler des jaunes, des abricots secs que l'on aura au préalable fait cuire après les avoir trempés pendant quelques heures dans de l'eau sucrée pour leur faire reprendre leur forme primitive. Mettre sur les abricots quelques grains de poudre de vanille simulant le poivre. Sucrer la crème à volonté.

Gâteau basque façon Hélène Berteaud. — Jetez dans l'eau bouillante 500 grammes de noisettes et 250 grammes d'amandes sorties de leur coque : enlevez la peau, hachez le tout et hachez également 250 grammes de bonnes figues sèches bien moelleuses et 250 grammes de dattes dénoyautées. Pilez tous ces ingrédients dans un mortier et ajoutez un petit verre de curaçao. L'amalgame étant à point, versez dans un moule à charlotte uni, huilé. Posez un papier dessus, couvrez de poids lourds pendant toute une nuit. Au moment de servir le lendemain, démoulez et joignez-y une crème anglaise.

Il faut toujours infuser le café au moment où l'on doit le prendre. Il faut de 10 à 15 grammes de café moulu pour une tasse de bon café.

Moka Capitani. — Beurre très frais, 150 grammes ; sucre en poudre, 150 grammes ; deux jaunes d'œufs ; trois cuillères à dessert d'extrait de café.

Mettez le sucre en poudre dans un saladier ou une terrine avec les jaunes d'œufs, mélangez bien jusqu'à ce que le sucre soit bien fondu ; ajoutez le beurre par petits morceaux en continuant toujours à mélanger, toujours dans le même sens, jusqu'à ce que le mélange soit comme une crème légère et bien lisse ; ajoutez le café en remuant toujours.

Prenez un pain de Gênes ou une amandine, ou un biscuit de Savoie, divisez-le en trois et tartinez bien chaque morceau de votre gâteau avec cette crème en ayant eu soin de baigner le pain de Gênes ou autre avec du café allongé et très sucré. Posez les trois morceaux l'un sur l'autre et recouvrez également le dessus de votre gâteau avec cette crème. Garnissez avec des amandes taillées en petits morceaux effilés et des fruits confits. Passez un moment au four doux pour sécher un peu le tout.

Ce gâteau est meilleur fait la veille et même deux jours avant et tenu au frais. On peut également se servir de biscuits à la cuillère au lieu d'autre gâteau.

Gâteau Lido. — Prenez quatre jaunes d'œufs, incorporez-les bien avec 250 grammes de sucre en poudre, ajoutez 250 grammes de poudre d'amandes et le jus de deux oranges et le zeste d'une orange haché très finement. Bien mélanger, ajoutez encore deux petites cuillerées de crème de riz et vos quatre blancs d'œufs battus en neige très ferme, battez doucement et longtemps votre mélange. Mettez dans un moule bien beurré et cuisez à four doux.

Dans un beau dîner, il en est de la table comme des convives, la table aussi doit revêtir sa plus belle toilette.

Terrinée bretonne. — Prenez une terrine en grosse terre jaune commune; mettez 125 grammes de riz cru bien lavé, une petite cuillerée à café de poudre de cannelle, mélangez bien au riz, et versez dessus trois litres de lait cru bien sucré au goût. Mettez au four de la cuisinière à cuire doucement cinq ou six heures, ce plat est à point lorsque le dessus de la terrine forme une croûte noire très brûlée et qu'il ne reste pas de lait qui a dû être tout absorbé par le riz. Enlevez la croûte du dessus, se mange froid ou chaud.

Tout ce qui se mange avec plaisir se digère avec facilité.

Glace milanaise. — Prenez une boîte d'ananas de conserve en tranches, mettez-en cinq tranches dans une bassine avec un peu de jus, 425 grammes de sucre en poudre, le zeste d'un citron, quelques écorces de cédrat coupées par petits morceaux, une demi-gousse de vanille. Faites cuire en remuant bien. Passez ensuite au tamis et ajoutez un litre de crème fraîche. Versez dans la sorbetière ; lorsque la glace est bien prise ajoutez encore un demi-litre de crème fouettée et un demi-verre de kirsch et travaillez de nouveau un quart d'heure. Laissez reposer quelques heures sur la glace, démoulez et servez avec des tuiles à la vanille.

Gâteau Alphonsine. — Si vous consommez journellement assez de lait bouilli, retirez-en la crème dans une tasse et faites de même pendant quatre ou cinq jours jusqu'à ce que vous jugiez la quantité nécessaire à faire le gâteau Alphonsine, sinon, achetez tout simplement la quantité nécessaire de crème double chez votre crémier.

Dans un saladier mélangez bien et longtemps jusqu'à ce que vous obteniez une crème bien lisse : 500 grammes de crème, 750 grammes de farine, 375 grammes de sucre, un bon verre à madère de rhum ou de kirsch, et un paquet de levure alsacienne. Versez dans une tourtière haute de deux doigts bien beurrée; égalisez, et passez du lait froid avec un pinceau. Au four chaud immédiatement. Au sortir du four saupoudrez de sucre en poudre. Ce gâteau peut accompagner des crèmes anglaises, des confitures, des compotes, etc. Il est délicieux dans le café au lait ou le chocolat du matin, il a de plus l'avantage de se garder frais plusieurs jours surtout si l'on a la précaution de le mettre dans une boîte de fer-blanc.

Une cave sans champagne est une montre sans aiguille.

Sabayon. — Cassez dans une terrine autant de jaunes d'œufs que de convives plus un, et ajoutez seulement un blanc par six jaunes. Ajoutez encore du sucre en poudre, une cuillerée à bouche par jaune. Battez ce mélange sans vous lasser, au moins vingt minutes, jusqu'à ce qu'il soit devenu comme une mayonnaise très ferme. Ayant gardé une des coquilles d'œufs cassée par moitié, vous verserez dans votre mélange autant de demi-coquilles de vin de porto, de marsala, ou de madère que vous aurez de jaunes, plus deux de vin blanc. Si vous voulez le sabayon moins fort diminuez la proportion des vins, par exemple moitié par moitié de marsala et de vin blanc. Barrez bien le mélange, mettez sur le feu dans une casserole de porcelaine ou de cuivre et battez énergiquement au fouet durant toute la cuisson qui doit s'arrêter juste à la première ébullition. Le point de cuisson est la chose la plus importante dans le sabayon. Il ne doit pas bouillir.

Il faut obtenir un mélange très mousseux.

Servez dans des tasses ou dans des coupes à champagne, accompagné de langues de chat.

Décembre est le mois le plus favorable aux plaisirs de la bonne chère ; il est aussi le mois du repas solennel du réveillon.

Pudding espagnol au chocolat. — Mélangez ensemble 100 grammes de beurre très fin travaillé en crème, 6 jaunes d'œufs, un par un, 125 grammes de sucre en poudre, 125 grammes de chocolat râpé et 25 grammes de fécule de pomme de terre. Votre amalgame bien fait, ajoutez encore quelques biscuits à champagne émiettés, 6 ou 6 ; puis au dernier moment ajoutez vos 6 blancs d'œufs battus en neige très ferme. Prenez un moule, caramélisez-le, versez dedans votre pâte, faites cuire au bain-marie. Servez avec une sauce au chocolat, composée de trois tablettes de chocolat fondues dans un peu de lait, un demi-litre environ et que vous laisserez épaissir à consistance de crème. Se mange chaud ou froid.

A quelle heure faut-il manger ?
Es-tu riche ? Quand tu voudras,
Es-tu pauvre ? Quand tu pourras.

Galette de pommes Yoyo. — Prenez un kilogramme de belles pommes rainettes, pelez-les et coupez-les en fines lamelles; ajoutez deux cuillerées à soupe de sucre en poudre, une cuillerée à café de cannelle en poudre et un soupçon d'épices. Bien mélanger le tout et versez cette préparation telle qu'elle est sur une abaisse de pâte à tarte étendue sur une tourtière ou plaque bien beurrée. Egalisez les pommes et recouvrez-les d'une autre abaisse de pâte dorée à l'œuf. Cuisez à four modéré. Au moment de servir versez sur cette galette démoulée, une crème anglaise à la vanille ou au chocolat. Il faut ne verser la crème qu'au moment de servir le plat, pour ne pas faire ramollir la pâte.

La cuisine est, avant tout, une affaire de probité, de sincérité et de simplicité.

(Georges POUMOT.)

Tarte Marguerite à la crème bouillie. — Délayez 60 grammes de farine avec 3 jaunes d'œufs et les blancs en neige; avec une partie d'un litre de lait rendez cette préparation bien liquide. Faites bouillir le restant du lait avec 120 grammes de sucre et un peu de vanille; versez cette préparation dans ce lait bouillant, retirez du feu et laissez refroidir. D'autre part, préparez une bonne pâte à tarte avec 60 grammes de beurre pour 125 grammes de farine, un œuf entier et un peu de levure de boulangerie délayée dans de l'eau tiède. Laissez lever; étalez au rouleau, mettez sur une plaque ou tourtière bien beurrée. De distance en distance, piquez un gros pruneau et un gros raisin de malaga ; versez dessus copieusement de la crème bouillie froide en l'égalisant avec une spatule ou une cuillère. Coupez à la roulette des lanières de pâte et formez sur la crème des losanges pour bien décorer votre tarte. A chaque croisement des losanges, placez une cerise confite. Dorer à l'œuf et cuire à four modéré. Se mange froid ou chaud.

Le fromage est le complément d'un bon dîner et le supplément d'un mauvais.

Gâteau de la Ducasse *(Spécial aux villes du Nord, et du Pas-de-Calais)*. — Prenez, par livre de farine 15 grammes de levure de boulangerie que vous délayerez dans un peu d'eau tiède.

Pour une livre de farine : 3 œufs, 125 grammes de beurre.

Faites un puits dans votre farine posée sur une plaque de marbre, ajoutez une pincée de sel fin, cassez les œufs entiers, ajoutez le beurre et la levure. Pétrissez le tout ensemble comme le pain en ajoutant l'eau tiède en quantité suffisante pour que la pâte soit ferme mais pas aussi dure que le pain. Beurrez une tôle allongée et posez cette pâte dessus, en demi-boule. Dorez à l'œuf. Laissez-la lever dans un endroit chaud et cuisez à four bien chaud, loin de la flamme. On peut, si on veut, ajouter, en pétrissant, des raisins de Corinthe équettés et bien lavés et même une dizaine de raisins de Malaga.

Frais et beurré, il est un excellent dessert; rassis, il est l'exquis complément du café au lait ou du chocolat du matin.

Soufflé des dieux (*Recette de Printz, maître-queue de la Finance*). — Faites macérer dans un peu de rhum ou de kirsch toutes sortes de fruits confits coupés en morceaux et des raisins de Smyrne; laissez macérer au moins deux heures.

Prenez ensuite un quart de litre de lait et un quart de sucre, une gousse de vanille et une pincée de sel. Faites bouillir, puis ajoutez trois jaunes d'œufs et vos fruits égouttés, faites chauffer à nouveau sans bouillir, retirez du feu et ajoutez encore 5 blancs d'œufs en neige ferme.

Beurrez un moule uni, saupoudrez-le de sucre et garnissez le fond et les côtés de biscuits à la cuillère trempés dans du rhum ou du kirsch, mettez au fond une partie de votre préparation première, puis une couche de biscuits et ainsi de suite en finissant par le mélange, puis quelques fruits disposés avec goût comme décoration.

Faites cuire à four doux environ vingt minutes, que le soufflé soit bien monté, et servez vivement.

Celui qui offre un dîner doit essayer de se rappeler le goût particulier de chaque convive pour tel met, tel vin, telle liqueur.

Pêches Yolande. — Prenez de belles pêches, pochez-les un instant et enlevez la peau; coupez-les en deux et enlevez le noyau. Remplissez-les de fraises des bois très sucrées et arrosez d'un sirop de framboises au kirsch. Servez avec une saucière de purée de fraises mélangée de dés d'ananas marinés au kirsch. C'est un plat exquis et très décoratif.

Autre recette de pêches Yolande. — Prenez de belles pêches, pochez-les, épluchez-les, enlevez le noyau, coupez-les en deux. Dans de la crème fraîche, cassez des macarons par miettes, et ajoutez des cerises candies, coupées en morceaux. Remplissez vos pêches avec ce mélange et versez dessus un caramel pour les glacer. Servez avec une saucière de gelée d'abricots.

Assistez en personne à toutes les opérations de votre sommelier, celui qui ne visite pas sa cave au moins trois fois par mois mérite que son domestique la vide.

Gaufres couliches *(Recette du Nord)*. — Ramollissez dans une terrine 125 grammes de beurre, ajoutez 10 grammes de sucre, 3 jaunes d'œufs, deux grammes de sel, 125 grammes de farine et 10 grammes de levure fraîche de bière délayée dans un peu de lait tiède. Pour terminer, délayez le tout avec 200 grammes de lait tiède afin qu'elle soit bien lisse, sans grumeaux, et de la consistance d'une crème. Fouettez deux de vos blancs d'œufs en neige ferme et mélangez-les à votre pâte. Laissez lever deux heures en lieu doux, puis rompez la pâte et cuisez-la dans des gaufriers bien beurrés et bien chauds.

Les maîtres-queux remontent jusqu'au divin Prométhée, qu'il faut tenir pour leur initiateur, puisqu'il sut, dans son amour pour les hommes, trouver le courage de dérober au fils terrible de Saturne le feu subtil, arme indispensable de la bonne chère.

Gâteau mollet des Ardennes. — Faites une pâte avec 250 grammes de farine, 3 œufs entiers, 25 grammes de sucre en poudre et 5 grammes de sel. Travaillez-la bien. A part délayez 25 grammes de levure fraîche de bière dans du lait tiède et ajoutez-la à votre pâte en mélangeant bien le tout sans trop travailler. Laissez monter une heure à l'entrée du four tiède. Remplissez à moitié seulement des moules à côtes bien, très bien beurrés. Mettez à four moyen jusqu'à cuisson parfaite.

Démoulez et mangez froid avec gelée de framboises ou groseilles. C'est le gâteau qu'on sert aux mariages dans les Ardennes.

Généralement on en fait deux, celui du marié et celui de l'épousée. Dans chacun d'eux on cache un petit anneau d'argent. Les parts distribuées au hasard parmi les jeunes gens et les jeunes filles, on interprète comme un présage de nouvelles fiançailles la découverte des bagues.

Les vins de France sont une gloire que l'éloge ne pourrait qu'affaiblir. Paris est le centre vers lequel affluent tous les biens dont le ciel a doré nos coteaux.

Pasta Frolla milanaise. — Prenez 110 grammes de sucre en poudre que vous mélangerez à 270 grammes de farine. Avec la main trempée dans l'eau, amollissez 90 grammes de beurre frais et très fin, et mélangez-le à 45 grammes de lard gras fondant, haché menu. Au commencement, travaillez la pâte composée de ces quatre éléments, légèrement, avec la lame d'un couteau, ensuite ajoutez un à un quatre jaunes d'œufs et un peu de sucre vanillé, mais en travaillant la pâte aussi peu que possible.

Etendez-la sur l'épaisseur d'un centimètre, et coupez à l'aide d'un verre ou d'un emporte-pièce, des gâteaux que vous ferez cuire quelques minutes à four gai. Dorés, ils sont suffisamment cuits.

Si vous garnissez une tourtière avec cette pasta frolla et que vous étendiez dessus une légère couche de marmelade d'abricots, vous obtenez une **tarte milanaise**, que vous pouvez décorer avec des feuilles découpées de cette même pâte. Quelques minutes de cuisson à four chaud. Se mange froid.

L'enseignement ménager est le remède le plus efficace au taudis.

Petits scones Lilla. — Dans une terrine, mettez 350 grammes de farine, 2 grandes cuillerées de sucre en poudre, un œuf entier, une pincée de sel, 7 grammes de bicarbonate et 7 grammes de crème de tarte, puis 8, 9 ou 10 cuillerées de lait caillé sans eau. Faites une pâte bien onctueuse de ce mélange. Dans une poêle faites fondre du beurre blanc, laissez tomber avec une spatule de larges pastilles de votre pâte en évitant qu'elles ne se collent l'une à l'autre. Dorées d'un côté, retournez-les, ces scones sont très vite cuits. On peut les manger chauds ou froids, fourrés de confiture.

C'est avec le premier bouchon de champagne que doit éclore la première chanson.

Savoureux gâteau de Noël *(Créé un soir de Réveillon par la fantaisie de quelques amis et qui obtint ensuite un premier prix dans un concours de cuisine)*. — Prenez deux tasses de sucre en poudre, une tasse et demie de beurre fondu blanc, une tasse de lait caillé, 5 œufs, une cuillerée à café de bicarbonate de soude, une cuillerée à café de poudre de cannelle, un ou deux clous de girofle, et une pincée de quatre épices, un peu de muscade râpée. Mélangez bien tout cela, puis ajoutez en pluie quatre tasses de farine de gruau, 200 grammes de noix hachées, 500 grammes de raisins de malaga corinthes et smyrnes trempés dans du rhum, 500 grammes de cerises confites, et une écorce de citron et d'orange râpée. Faire un amalgame du tout pour obtenir une pâte plutôt tenue, mais onctueuse. Beurrez fortement un moule ou deux suivant grandeur, et faites cuire à four doux. Démoulez lorsque, la lame d'un couteau perçant le milieu du gâteau, elle en ressort nette.

Servez-le froid ou chaud démoulé et accompagné d'une sauce à la groseille framboisée ou au beurre sucré et rhum mélangé et chaud.

La gourmandise est une préférence passionnée, raisonnée et habituelle pour les objets qui flattent le goût. Elle est l'ennemie des excès, tout homme qui s'indigère ou s'enivre court risque d'être rayé des contrôles.

(Brillat-Savarin.)

Beignets d'abricots à l'eau-de-vie *(Recette anglaise)*. — Mettez dans un bocal contenant de l'eau-de-vie blanche à fruit 8 ou 10 beaux abricots bien mûrs et laissez-les macérer quarante-huit heures dans cet alcool. Partagez-les ensuite par la moitié, enlevez la peau qui se détache facilement, retirez les noyaux et mettez vos abricots dans une terrine contenant un verre de vieux madère et du sucre.

Au bout de deux heures retirez vos abricots, épongez-les, trempez-les dans une pâte à frire, et plongez-les dans de la friture bouillante. Ces délicieux beignets doivent être bien secs, croustillants, et servis très chauds.

Un dîner sans bon vin est une lanterne magique sans lumière.

Vieux garçons. — Prenez de beaux pruneaux, bien en chair, faites-les tremper deux heures dans du thé léger sucré. A l'aide d'un crochet à dentelle un peu gros, extirpez le noyau et remplacez-le par une amande grillée ou une noisette. Roulez ensuite vos pruneaux dans de l'œuf battu en omelette et asséchez-les en les roulant à plusieurs reprises dans du chocolat en poudre vanillé. Laissez sécher une heure à l'entrée du four, puis jetez vos pruneaux quelques instants dans de la friture d'huile bouillante. Laissez bien égoutter sur un papier buvard, puis soupoudrez-les de sucre cristallisé. Dressez-les de jolie façon dans un compotier, en les calant avec des amandes et des noisettes grillées sucrées.

La gourmandise est une résignation implicite aux ordres du Créateur qui, nous ayant ordonné de manger pour vivre, nous y invite par l'appétit, nous soutient par la saveur et nous en récompense par le plaisir.

La tarte de Gisèle. — Prenez 250 grammes de farine de gruau, 100 grammes de sucre, un œuf, 125 grammes de beurre, sur votre planche à tarte, vous faites une fontaine avec la farine, vous mettez votre beurre, ainsi qu'une cuillerée d'huile d'olive au centre un demi paquet de levure alsacienne. Vous pétrissez bien votre farine avec le beurre et l'œuf que vous lui ajoutez. Vous la roulez, et en formez un plateau assez épais, vous en garnissez votre moule à tarte. Sur votre pâte vous disposez des prunes, dont vous aurez retiré les noyaux, ou tout autre fruit de la saison, voire des mûres sauvages. Disposez des bandes de pâte en croisillons, dorez à la plume avec un jaune d'œuf ou un peu d'eau sucrée. Il est nécessaire de saupoudrer de sucre les fruits avant de mettre la tarte au four, afin que le jus soit absorbé et que le dessous de la tarte soit ferme et bien cuit.

Dans un bon dîner, le vin est à la bonne chère ce que dans un pain la croûte est à la mie.

Nœuds d'amants. — Ayez une livre de farine, 70 grammes de beurre frais, 30 grammes de sucre en poudre, un verre de cognac et 4 œufs frais. Mettez votre farine sur la planche à pâtisserie, faites un puits dans lequel vous mettrez le sucre, le beurre, les œufs, une pincée de sel ; travaillez votre pâte à la main, en ayant soin que la farine ne soit pas trop vite absorbée. Quand la pâte est faite, fraisez-la trois fois avec la paume de la main ; ensuite, laissez-la reposer une heure. Quand elle est reposée, étendez-la au rouleau à l'épaisseur d'un demi centimètre et coupez-la en bandes étroites que vous nouez mollement comme des rubans. Jetez ces nœuds dans la friture bouillante. Aussitôt que les bugnes sont gonflées et dorées, retirez-les de la friture, saupoudrez-les de sucre mêlé à la vanille ou à la cannelle et servez sur une serviette.

Le feuillage chinois par un plus doux succès
De nos dîners tardifs corrige les excès,
Et faisant chaque soir sa ronde accoutumée
D'une chair indigeste apaise la fumée.

Pudding froid d'Auvergne. — Cuire 125 grammes de chocolat dans une tasse d'eau; ajoutez un demi-litre de lait sucré et vanillé.

Epluchez trente marrons que vous cuisez également au lait sans sucre; pilez et mélangez avec le chocolat et additionnez trois œufs battus entiers.

Versez dans un moule à charlotte caramélisé et cuisez au bain-marie environ une heure.

Servez à part une anglaise au rhum.

Les gourmets disent que le bon vin doit avoir quatre propriétés :
il doit satisfaire au goût par la saveur, à l'odorat par le bouquet,
à la vue par sa couleur claire et nette et à l'ouïe par la bonne renom-
mée du pays ou il est crû.

Le gâteau de Stella. — Ayez un quart de bon chocolat vanillé, un quart de sucre en poudre,

75 grammes de farine de gruau, 75 grammes de beurre, le tiers d'un paquet de levure alsacienne et trois œufs.

Faites fondre votre chocolat dans un demi verre de lait sur le feu. Ajoutez peu à peu votre sucre en tournant avec la cuiller de bois et retirez du feu. Incorporez alors le beurre, puis la farine, et la levure alsacienne, enfin les jaunes d'œufs et les blancs battus en neige. Mettez dans un moule beurré, et cuisez à four doux. Le gâteau sera cuit, lorsque la pointe de votre couteau sortira sèche. Comptez environ vingt minutes de cuisson.

Le biscuit de Mylia. — Prenez 180 grammes de sucre en poudre, 90 grammes de fécule de pommes de terre, 4 œufs, le zeste d'un citron, et si possible le zeste d'une orange. Mélangez le sucre et les jaunes d'œufs, bien les travailler à la cuiller. Ajoutez la fécule, le zeste de citron et finissez avec les blancs, battus en neige ferme. Beurrez votre moule, mettez au four la flamme en veilleuse. Le biscuit sera cuit au bout de vingt à trente minutes. Assurez-vous-en avec la pointe du couteau que vous plongerez au milieu. Ce biscuit renommé pour sa finesse doit être mangé froid, soit avec le thé, soit accompagné d'une crème anglaise, d'un sabayon ou bien fourré d'une crème au beurre à la pistache, au moka, au chocolat.

L'homme est un sublime alambic.

QUELQUES RECETTES DE CONFITURES
ASSEZ PEU RÉPANDUES

Confitures de dattes *(Première recette)*. — Choisissez de belles dates un peu molles, lavez-les, essuyez-les et enlevez les noyaux; coupez-les en lamelles très minces; par 500 grammes de dattes prenez 500 gr. de sucre et un demi-verre d'eau, faites un sirop. Lorsqu'il commence à épaissir, mettez-y les dattes et laissez encore cuire environ une demi-heure. Remuez souvent pour que la confiture n'attache pas.

Confitures de dattes *(Deuxième recette)*. — Pour 50 dattes, prenez 125 grammes d'amandes émondées, une demi-tasse à café de sirop de sucre. Lavez vos dattes, essuyez-les, enlevez le noyau. Remplacez les noyaux par une farce faite avec les amandes émondées, pilées et mêlées au sirop de sucre. Refermez les dattes pour bien enfermer la pâte d'amandes. Mettez dans la bassine sur le feu, un poids de sucre égal à dattes et un grand verre d'eau par kilogramme de sucre. Faites bouillir. Lorsque le sirop fait nappe, jetez-y vos dattes et laissez cuire environ une heure.

Confitures de citrouille. — Prenez une belle citrouille bien mûre, épluchez-la, enlevez les graines. Coupez-la en morceaux et couvrez d'eau, puis cuisez-la en marmelade pendant trois bonnes heures. Enlevez-la du feu, pesez-la et ajoutez trois quarts de sucre par livre ; remettez-la au feu avec deux bonnes gousses de vanille et un kilogramme d'abricots secs par 5 kilogrammes de citrouille, cuisez encore deux heures. Mettez en pots un peu refroidi.

Confitures de Myrtilles. — Pour un kilogramme de myrtilles égrappées, prenez 750 grammes de sucre et 6 décilitres d'eau. Mettez le tout ensemble dans une bassine de cuivre et à feu vif, portez à ébullition. Ne cessez pas de remuer et cuisez trente minutes, après la première ébullition. Mettez en pots. On peut parfumer cette confiture à la vanille ou au citron.

On ne traite jamais mieux les affaires qu'au dessert, lors de l'état de béatitude dans lequel nous plonge notre estomac satisfait d'un succulent repas. Que de choses on a accordées au dessert qu'on avait refusées au potage.

Gelée de groseilles à froid. — Pressez les fruits dans un linge mouillé pour en exprimer le jus. Pesez ce jus et prenez un poids égal de sucre en poudre que vous verserez lentement dans le jus pour l'y incorporer peu à peu. Quand le sucre est entièrement mêlé au jus, tournez encore de dix à quinze minutes. Versez de préférence dans de petits pots, les placer dans un endroit sec et si possible dans un courant d'air. Au bout de trois jours, la gelée doit être prise. Elle n'est jamais très ferme. Couvrir et garder en lieu sec. Ne pas opérer sur plus de 2 kilogrammes de fruits à la fois et ne se servir que de groseilles rouges.

Gelée de groseilles à froid (*Recette de la Belle Perdrix*). — Egrainez des groseilles rouges, 3 kilogrammes environ, auxquelles vous joindrez 750 gr. de framboises bien mûres. Mettez dix minutes sur le feu dans une bassine pour faire craquer en écrasant le plus possible avec une cuillère de bois. Placez sur un tamis fin et laissez égoutter le jus dans une terrine. Faites un sirop de sucre, 500 grammes de sucre pour un demi-verre d'eau, faites bien fondre à feu vif quelques minutes. Laissez refroidir. Pesez votre jus de groseilles et framboises et mêlez-y doucement, en remuant beaucoup, le même poids de sirop. Mettez en pots immédiatement, se conserve très bien en gelée très ferme, sans aucune précaution, mais cette gelée ne se conserve pas aussi longtemps que celle cuite.

Confitures de tomates. — Prenez 4 kilogrammes de belles tomates bien mûres, très charnues, 3 kilogrammes de sucre, une grosse gousse de vanille et le zeste d'un citron. Mettez les fruits dans une terrine, versez de l'eau bouillante dessus, pelez-les rapidement, jetez-les au fur et à mesure dans une terrine remplie d'eau froide. Prenez ensuite les tomates, coupez-les transversalement par le milieu. Enlevez les pépins avec une petite cuillère. Faites cette opération avec soin et mettez-les une à une dans une nouvelle eau froide. Faites fondre le sucre avec le jus que les tomates auront rendu pendant que vous les sépariez en deux et, s'il y est tombé des pépins, passez ce jus au tamis. Dès que le sirop entre en ébullition, jetez-y les tomates, la vanille et le zeste de citron, l'une et l'autre coupés en très petits morceaux. Laissez cuire deux heures en remuant très souvent. Mettez en pots et couvrez seulement le lendemain.

Les femmes ont été créées par Dieu pour faire la cuisine !

QUELQUES COCKTAILS

Cocktail des Belles Perdrix. — Mettez dans un shaker deux traits de fine champagne, deux traits de gin, un de bénédictine, deux de crème de cacao, et une abondante cuillère à bouche de crème double. Quelques fragments de glace, agitez fortement. Mettez dix minutes le shaker en pleine glace, remuez encore et servez avec des pailles.

Ladies cocktail. — Dans de la glace pilée, mélangez une cuillerée de sucre en poudre et une d'anisette; trois traits de menthe verte, trois traits de curaçao, achevez avec du kirsch et de l'eau en quantité égale. Agitez, versez dans un verre aux bords givrés et ajoutez une demi-tranche d'orange. Buvez avec la paille.

Paradis cocktail. — Dans un shaker, mettez de la glace en fragments petits, exprimez le jus d'une orange, un demi-verre de fine champagne, un demi-verre de Grand Marnier. Agitez, passez, servir avec une mince tranche d'orange sans la peau.

Le cocktail de l'abbé T. — Avec de la glace pilée, mettez dans un shaker, un verre à liqueur de curaçao, un demi-verre d'angustura, un verre de mandarin bitter, un demi-verre à madère de vermouth italien, autant de gin, autant de cognac. Frappez, passez dans un verre à cocktail au bord sucré. Garnir d'un zeste de citron.

Suze cocktail. — Un trait de cassis, un trait de sirop de grenadine, deux traits de kirsch, deux traits de fine champagne, deux traits de gin. Agitez dans un shaker contenant un peu de glace pilée. Servir accompagné d'une cerise à l'eau-de-vie.

Viking cocktail. — Dans un shaker avec de la glace pilée, mettez un trait de curaçao, un jus d'orange, un verre de gin et autant de vermouth italien. Frappez passez et servez avec un zeste de citron ou d'orange.

Tonnerre de Dieu. — Un trait de gin, un trait de fine champagne, un trait d'armagnac, un trait d'angustura. Battez au shaker avec de la glace pilée.

Cocktail roumain dédié aux amis B. — Dans un shaker avec de la glace pilée, mettez deux cuillerées à café de sucre en poudre, un jaune d'œuf, un zeste de citron. Agitez. Ajoutez une cuillerée à café de jus de citron, trois traits de curaçao, deux traits de Tuica veche, deux traits de fine champagne. Ajoutez encore un peu de crème double. Frappez bien dans la glace, passez et servez dans des gobelets de cristal.

Cocktail Lac Majeur (*Hôtel Simplon*). — Un trait d'angustura, deux traits d'anisette, un verre à liqueur de gin, une cuillère à café de whisky, un verre à liqueur de vermouth français et un de vermouth italien. Remuer dans le shaker avec de la glace pilée, passer dans un verre à cocktail givré, un zeste d'orange, courtes pailles.

Amour cocktail (*Dédié aux amoureux fatigués*). — Un verre de fine champagne, un jaune d'œuf, un verre de porto rouge, deux cuillerées à café de sucre en poudre. Mélangez dans un shaker avec de petits fragments de glace. Frappez dans la glace, passez, servez et buvez au lit dans de jolis gobelets de cristal de forme allongée.

L'ART DANS LA DÉCORATION
DE LA TABLE

L'ART DANS LA DÉCORATION
DE LA TABLE

Ceux qui aiment les fleurs sont les amis de la bonne chère, et les fleurs sont les amies des femmes, ce qui veut dire qu'une belle décoration de table peut difficilement se passer de fleurs.

Chaque jour, en effet, de nouvelles créations viennent en aide au goût ou à la fantaisie de la maîtresse de maison. Beau linge, surtout d'argenterie, porcelaines, cristaux, petits meubles volants, menus accessoires, tout concourt au charme de l'ensemble et à la commodité des convives.

Il y a une vingtaine d'années, on ne demandait pour le linge de table que la finesse de la toile damassée et ouvrée, aux dessins classiques, sans autre garniture que des monogrammes soigneusement brodés. Aujourd'hui, le luxe ayant progressé, les femmes soucieuses du renom d'élégance de leur maison inventent continuellement de nouvelles fantaisies, afin de distancer telle ou telle amie dans cette course à la nouveauté qui est la caractéristique de notre siècle. Mais ce n'est pas du linge que je veux parler ici, je veux décrire quelques décorations de table créées spécialement pour certains dîners et dont l'originalité a été très admirée.

Une de nos tablées fut jonchée de roses, roses du Bengale, de Dijon, roses de France surtout. Elles émergeaient de grandes corbeilles, contournaient de beaux flambeaux à l'ancienne en argent massif, serpentaient autour des surtouts. Des pétales délicats détachés des buissons embaumés marquaient la place des convives et le nom de chacun était inscrit sur un pétale de rose artificiel et si bien imité qu'on s'y laissait prendre, la table était une vraie roseraie et la tapisserie de la salle à manger étant elle-même une forêt de roses, nous nous pensions transportées dans les jardins d'Oronte. Ces roses avaient été fournies par la maison Baumann.

Un autre de nos dîners d'automne fut décoré par des fruits. Au milieu de la table un grand plat de vieil étain, dedans, mélangés au hasard avec une négligence étudiée, sans aucune symétrie, des grappes de raisins noirs et de raisins blancs, des pommes d'api, des oranges, des citrons dorés. Un ananas formait le milieu avec, à sa base, une couronne de prunes noires et vertes, presque blanches, puis de place en place de petits bouquets de trois ou quatre fraises remontantes encore munies de leur collerette verte, le tout allégé par de folles avoines et des clématites blanches.

Plus bizarre la décoration de table que le comte de Lusigny, ce magicien, voulut bien créer pour un de nos dîners. Des aquariums de cristal contenant de gracieux et rares poissons japonais étaient encastrés dans le bois de la table, posés sur le buffet, la porte même du meuble était un aquarium éclairé où se mouvaient les petits poissons devant une vraie glace

formant fond et qui reflétait l'argent ou l'or de
leurs écailles. La nappe était de toile beige. De petits
arbres japonais à fleurs de nacre et de verre filé de
couleurs baignaient leurs pieds dans les aquariums
où nageaient aussi des algues étranges, des îles des
mers lointaines. Les accessoires : salières, petits porte-
cure-dents, etc., représentaient de petits animaux
aquatiques. La lampe qui descendait du plafond
avait aussi l'aspect d'un aquarium.

Qu'elle était séduisante la décoration de table de
notre dîner de janvier. Des fruits posés dans de grandes
coupes de cristal au pied d'argent. De celle du milieu,
largement remplie de succulents fruits même de
pêches et de prunes du Cap, descendaient des guir-
landes de rubans entrelacés, nattés, croisés, dans lesquels se dissimulaient des fruits. La table était couverte de bandes de toile colorée et brodée, réunies
par des rubans semblables à ceux nattés et croisés
également sur la table. La table était éclairée par de
grands flambeaux en verres de Venise où brûlaient
d'énormes bougies mauves comme les rubans. Les
murs de la salle à manger étaient tapissés de grappes
de raisins en verres de couleurs, éclairés à l'intérieur
par des lampes électriques.

Et j'ai gardé pour la bonne bouche la plus belle,
la plus originale, la plus artistique de toutes et se
rapportant si bien aux Belles Perdrix, femmes qui
manient avec une égale maestria la plume et la fourchette et cultivent avec amour les lettres et l'art
culinaire.

La nappe était constituée par des bandes de satin
blanc et des bandes de satin rouge qui se croisaient
et sur chacune était brodé à l'extrémité un emblème
de notre profession. Dans le centre de la table, un

grand nid fait de roseaux de verre filé blanc dans lequel se blotissaient quelques perdrix de verre également éclairées électriquement. Les assiettes étaient en faïence craquelée jaune et noire, les verres irisés. Quatre lampes représentaient des épis décortiqués puisque les perdrix en avaient mangé les grains. Çà et là des salières, des porte-couteaux représentant de petites perdrix.

Voici quelques indications sommaires qui, hélas ! ne peuvent pas rendre le charme émanant de ces décorations, mais les maîtresses de maison y puiseront des idées qu'elles adapteront aux circonstances de leurs réceptions et je ne doute pas qu'elles feront merveille.

M. C.

LA FEMME
ET LA GOURMANDISE

LA FEMME ET LA GOURMANDISE

On prétend que le premier exemple de gourmandise dont on ait gardé le souvenir fut donné
par Esaü qui vendit son droit d'aînesse pour un plat
de lentilles. Le fumet de ce légume est-il donc si
irrésistible ou faut-il croire que le fils du patriarche
était simplement à bout de forces et incapable de
résister à la moindre tentation ? J'ai connu un musicien qui, ayant goûté une fois, sur l'ordre de la
Faculté, aux lentilles, y trouva un tel charme qu'il
en fit sa nourriture habituelle. Cela me ferait penser
qu'Esaü n'était peut-être pas si sot qu'on pourrait
supposer à lire ses exploits dans la Bible. Mais les
hommes auraient tort de voir en lui le premier
gourmand et de s'en vanter.

N'a-t-on pas, en effet, un exemple encore plus
ancien ? Le premier péché de gourmandise fut commis,
au paradis terrestre, à cause d'une pomme exquise,
par une femme charmante qui, n'ayant encore rien
à se mettre sur le dos, ne voulut pas s'abstenir de
se mettre sous la dent ce qui lui semblait particuliè-
rement appétissant. Cela lui coûta fort cher, ainsi
qu'à ses descendants, mais il reste aux femmes le
droit de prétendre que le péché mignon de la gourmandise ne saurait être un privilège des hommes.

On peut refuser aux femmes certaines qualités, on peut en nier d'autres aux hommes : la querelle des sexes ne date ni d'aujourd'hui ni d'hier. Mais on ne voit pas pourquoi le beau sexe aurait le goût moins raffiné, moins développé que le sexe fort. On reconnaît aux femmes tous les droits, même ceux auxquels elles ne tiennent peut-être pas beaucoup : on hésite à les leur accorder en certains pays, mais, au point de vue général, les barrières sont tombées, les préjugés n'existent plus ou sont sur le point de disparaître. Pourquoi les hommes doivent-ils se cramponner à la table comme à une dernière planche de salut ?

On me dira : « Ne faites pas un plat de ces prétentions masculines et laissez aux hommes ces dernières satisfactions d'amour-propre. » Je ne vois pas pourquoi nous serions plus généreuses que ceux que nous appelions jadis nos seigneurs et maîtres. Ils nous demandent assez souvent de partager leurs plaisirs et nous ne songeons pas à les en blâmer, mais ce serait une raison de plus de reconnaître que nous sommes à même d'apprécier tous les agréments de la vie, y compris ceux qu'il est ordinairement possible de goûter jusqu'à l'âge le moins tendre.

De tous les sens le goût n'est-il pas le plus précoce et le plus durable ? Cela tient évidemment au fait qu'il accompagne une fonction élémentaire et indispensable de la vie. On pourrait peut-être deviner un futur gourmet à la façon dont un bébé dodu se plaît à sucer le lait maternel ou celui de la nourrice. C'est presque du freudisme gastronomique, mieux fondé peut-être que l'autre. D'autre part, le gourmet survit dans le vieillard condamné par les médecins à un régime sévère : on le voit à la façon dont il enfreint

les ordres pour savourer un mets défendu. La gourmandise a d'ailleurs ses martyrs : on disait qu'ils
étaient plus nombreux que les victimes de la guerre
lorsque les épées n'étaient pas encore remplacées par
les obus et les gaz asphyxiants. Un goutteux qui ne
résiste pas aux attraits d'une bonne table n'est-il
pas une sorte de héros ?

On est ingrat envers les femmes puisque, à travers les âges barbares et les siècles de fer, elles ont été
les gardiennes, les vestales des traditions culinaires. Il
fut un temps où on ne pouvait songer à un bon plat
sans rappeler la ménagère qui en avait surveillé la
préparation soignée. Les plus grandes dames de
l'histoire ne dédaignèrent pas de s'en occuper ni
de mettre les mains à la pâte. L'ont-elles fait par
caprice ou par désœuvrement ? C'est une autre
question et il n'est pas besoin de l'approfondir. En
réalité le rôle historique de la femme a été d'adoucir
la vie de l'homme, de la lui rendre agréable : n'est-ce
pas un art de savoir le retenir à la maison par le
lien de sa serviette de table ? Certain prédicateur
mondain recommandait à ses jeunes ouailles élégantes
de ne pas négliger la cuisine en vue de flatter la gourmandise de leurs maris et de les garder ainsi par leur
point faible. L'Eglise, en effet, ne condamne que la
goinfrerie qui, étant un excès, est aussi un péché
contre le goût. Elle est pleine d'indulgence pour les
gourmands et les gourmets, auxquels elle demande
seulement de temps en temps quelques petites pri-
vations hygiéniques, s'accordant ainsi avec l'austère
Faculté.

Je vois d'ici mes lectrices se rebiffer : est-il possible
de songer encore que le rôle de la femme est de
servir son seigneur et maître, juste au moment où sur

tous les points du globe elle brise ses chaînes séculaires et s'affranchit ? Je me garde bien de les contredire et je reconnais volontiers que les temps sont changés. Je me demande même si les temps ne vont pas changer encore davantage et mettre la plupart des femmes dans l'impossibilité de faire même un apprentissage quelconque de la cuisine. Le jour où il ne sera plus possible, même avec la lanterne de Diogène, de trouver des domestiques, il faudra bjen s'installer à l'hôtel. Mais n'ayons aucune crainte : on peut, en fait de gourmandise, afficher un optimisme à toute épreuve. On a décalé souvent les heures des repas, qui ne sont d'ailleurs pas les mêmes partout, et cela n'a jamais diminué la puissance de l'appétit. On ira bientôt prendre tous ses repas dehors : en quoi cela pourra-t-il nuire à la bonne cuisine ? Il faut croire au contraire qu'on verra se multiplier le nombre des bons restaurants au fur et à mesure que la clientèle ira en augmentant. Les femmes, absorbées par d'autres soins, n'auront peut-être plus autant d'occasions de s'occuper de la cuisine et, en général, n'en seront probablement pas fâchées : mais on trouvera toujours, au fond de la province, de vieilles ménagères qui ont hérité de leurs aïeules le secret de plats exquis qu'on fait mijoter à petit feu pendant des journées entières et qui le transmettront à leurs petites-filles pour en régaler la postérité. C'est la course au tison qui se poursuit depuis des siècles et qui ne paraît pas près de se clore. C'est aux femmes que revient l'honneur d'assurer cette course : la modestie de ces gardiennes de la tradition n'en diminue pas les mérites.

Les mœurs se transforment avec une certaine lenteur mais des événements exceptionnels peuvent les brusquer. On a vu des changements soudains depuis quelque temps, ainsi qu'on les avait vus d'ailleurs à toutes les époques bouleversées. La renaissance de la bonne chère indique toujours la fin d'une période troublée, comme si on reprenaît goût à la vie après une maladie grave et dangereuse. Le convalescent ne doit pas manger à sa faim pour ne pas risquer de demander un effort excessif à un organisme affaibli : mais un pays qui sort d'une crise redoutable se compose d'individus sains et vaillants qui ne craignent pas de faire ripaille. On sait que la gourmandise fut à l'honneur sous le Directoire malgré les assignats : on avait hâte d'oublier les mauvais jours de la fièvre sanglante. Les soucis de la vie chère n'empêchent pas maintenant le triomphe de la table, dont les plaisirs n'ont jamais paru si attrayants.

Cette vogue est d'autant plus singulière que les régimes continuent à sévir. On dirait que le public, après une longue période d'abstinence forcée, désire se rattraper et reprendre le temps perdu. Les médecins mêmes commencent à prêcher d'exemple en ce sens qu'ils ne dédaignent pas de se joindre aux gourmets et d'honorer les menus choisis : évidemment on ne saurait leur demander d'engager la clientèle dyspeptique à faire de même, ils risqueraient de la faire disparaître à brève échéance, mais il est utile que les médecins apprécient la bonne table pour en vanter en connaissance de cause les bienfaits aux malades et leur inculquer le désir de se remettre vite d'aplomb. Voilà une œuvre de suggestion qui devrait donner les meilleurs résultats et qui a fait d'ailleurs la fortune de quelques spécialistes célèbres.

La renaissance du goût a fait éclore toute une

14

floraison de groupements gastronomiques dont la liste officielle et complète occuperait plusieurs pages. Mais les gourmets qui se font une gloire d'avoir puissamment contribué à ce renouveau ont exclu, dès le début, de leurs cénacles les femmes, comme si la présence de celles-ci avait dû les empêcher de se consacrer à leur tâche avec toute la componction désirable. Oui, nous avons été mises au ban de ces petits paradis sur terre. Faut-il voir dans cette mesure une preuve de méfiance, une attitude dédaigneuse ou un hommage? Ne craint-on pas que la grâce féminine ne soit trop distrayante? Ou suppose-t-on que les femmes n'ont pas le goût assez sûr et assez délicat?

On nous reproche, en effet, souvent de manquer de logique ou d'avoir une logique à nous, de ne pas être pourvues de l'esprit de suite, de disperser nos sympathies ainsi que nos efforts. De quoi ne nous accuse-t-on pas encore? Je veux bien admettre que nos défauts mignons sont aussi nombreux que nos qualités, tout en pesant beaucoup moins sur la balance, mais je prétends qu'ils nous permettent de faire honneur à une bonne table au moins aussi bien que ces messieurs... Nous n'aimons peut-être pas les lourdes ripailles et il nous semble qu'il nous serait impossible de partager les repas plantureux de nos lointains aïeux : l'idée d'engloutir un menu aussi formidable que ceux dont les chroniques de Versailles ont gardé le souvenir nous emplit d'épouvante. Nous avons trop peur de nous empâter, malgré la nouvelle vogue d'un aimable embonpoint. Mais il ne s'agit plus de ripailles, il s'agit de dîners fins, et nous sommes parfaitement qualifiées pour y goûter, pour les juger.

On nous reproche de glaner un peu partout, de toucher à tout. C'est avouer que la plupart de nous sait toucher aussi aux casseroles et que nous sommes toutes, ou à peu près, familiarisées avec les secrets culinaires. Je mets les gourmets au défi d'en dire autant et de passer avec la même aisance de la théorie à l'action. Pour un de ces messieurs qui sait faire sauter une crêpe ou une omelette, je parie que dix seraient incapables de tenir la queue de la poêle. Tel Grand Perdreau de ma connaissance serait bien embarrassé d'énumérer les ingrédients d'un vol-au-vent où même d'indiquer les origines de cette appellation qui convient au gibier. En fait de cuisine, beaucoup de gourmets ne connaissent que celle des journaux, qui paraît d'ailleurs un peu plus appétissante que la cuisine politique.

Les grandes dames de Versailles n'hésitaient pas, paraît-il, à se lécher les doigts. Nous avons appris à nous servir de la fourchette et n'avons plus aucune raison de passer le bout de la langue sur le bout de nos ongles rosés. Mais ni la bienséance ni une certaine attitude de détachement ne nous empêchent de savourer les délices anciennes et nouvelles de la table.

On n'est un vrai gourmet que si on possède la plénitude du goût qui est un sens sujet au même titre que les autres à s'affaiblir ou à s'émousser. Les malheureux qui le perdent sont moins à plaindre que les aveugles mais presque aussi à plaindre que les sourds. Je prétends que les femmes le gardent mieux que les hommes, ayant moins qu'eux l'habitude des boissons fortes et dédaignant surtout la pipe. Les fumeurs enragés s'imaginent n'avoir rien perdu de leur faculté gustative : leur seule excuse

est que la mémoire des sensations s'estompe rapidement.

Peut-être que les hommes sont plus habiles à se
donner des airs de philosophes lorsqu'ils bavardent,
en petit ou grand comité, autour d'une table bien
garnie. Je veux bien croire que les gourmets, dans
l'exercice de leur fonction, sont aussi sages, spi-
rituels et profonds que les convives de Platon : en
tout cas savent-ils se donner ces airs en parlant de
leurs agapes. Nous nous contentons de suivre en
toute simplicité nos penchants et de bavarder à
bâtons rompus : je donne d'ailleurs ma langue aux
chats si les hommes n'en font pas autant.

Nous restons persuadées que, en sa qualité de
péché mignon, la gourmandise est un péché bien
féminin.

Les Belles Perdrix le prouvent en se réunissant pour
bien manger, comme ce philosophe de l'ancien temps
prouvait le mouvement en marchant.

Maria CROCI.

ANECDOTES
SUR LA GOURMANDISE

ANECDOTES SUR LA GOURMANDISE

Mme d'Arestrel, supérieure du couvent de la Visitation, à Belley, conseillait à Brillat-Savarin de faire le chocolat la veille dans une cafetière de faïence et de le laisser reposer jusqu'au lendemain. « Le repos de la nuit le concentre, disait-elle, et lui donne un velouté qui le rend bien meilleur. Le Bon Dieu ne peut pas s'offenser de ce petit raffinement car il est lui-même toute excellence. »

*
* *

Un moine soutenait et prêchait que le bon gibier avait été créé pour les religieux et que si les perdrix et les ortolans pouvaient parler ils s'écrieraient tous : « Serviteurs de Dieu, soyons mangés par vous afin que notre substance incorporée à la vôtre ressuscite toujours avec vous dans la gloire et n'aille pas aux enfers avec les impies. »

*
* *

Le prince Henri, frère du roi Frédéric II, étant allé voir Mlle la Chevalière d'Eon, on offrit à Son

Altesse des rafraîchissements. La mère de notre héroïne lui présenta de magnifiques prunes. Le prince la pria de le dispenser d'accepter ces fruits. « Que faites-vous donc là, ma mère, s'écria Mlle d'Eon, monseigneur n'est pas venu pour des prunes. »

*
* *

On reprochait un jour à Diogène de manger en plein marché. « Je ne l'aurais pas fait si la faim ne m'avait pas pris dans ce moment-là », dit-il.

*
* *

La baladine Aglaïs, il y a environ deux mille ans, était si gourmande qu'elle mangeait, à souper, 5 kilogrammes de viande, 12 pains et buvait 10 bouteilles de vin. Alio, une autre femme grecque, attaquait les hommes à boire et à manger et les surpassait, et une autre femme syrienne mangeait tous les jours 30 poules sans pouvoir se rassasier.

*
* *

Un homme extrêmement avare ne buvait son vin que lorsqu'il commençait à s'aigrir. Un de ses amis, passant un jour devant sa maison, demanda au domestique de notre avare ce que faisait son maître. « Il attend, répondit le serviteur, que son vin s'aigrisse. »

*
* *

Deux religieuses ayant été rendre visite à un évêque furent retenues à dîner. L'une d'elles, à qui on avait servi un ragoût dont elle avait trouvé la sauce excellente, voyant le plat s'éloigner d'elle, prit un morceau de pain, le piqua au bout de sa fourchette et le trempa dans la sauce pour le manger tranquillement ensuite. Sa compagne, fâchée de cette inconvenance, lui donna un coup de pied sous la table pour la rappeler à la bienséance. Malheureusement, elle rencontra la jambe de l'évêque qui, en recevant le coup de pied destiné à la gourmande, dit à la religieuse : « Oh ! ma sœur, faites attention, ce n'est pas moi qui goûte la sauce. »

*
* *

Mme de Sévigné n'était pas pour les consommés. « Je crains le pot-au-feu, disait-elle, c'est une étrange chose qu'un consommé. » En revanche, elle adorait le chocolat et disait : « J'en ai pris avant-hier pour digérer mon dîner afin de bien souper, j'en ai pris hier pour me nourrir afin de jeûner jusqu'au soir, il m'a fait tous les effets que je voulais, je le trouve plaisant car il agit selon l'intention. »

*
* *

Une gourmande, nommée la Dubois, mourut d'une indigestion causée par un aloyau dont elle avait trop mangé. Elle ne se résigna à la mort que sur la promesse qui lui fut faite que l'article de son testament qui portait qu'elle serait enterrée tout près de la boucherie des Quinze-Vingt serait exécutée. On lui fit l'épithète suivante :

Ci-gît la gourmande Dubois
Qu'un aloyau mit aux abois.

*
* *

« Je me suis aperçu, disait la reine Frédégonde, qu'on a volé dans mes celliers plusieurs jambons. » Une maîtresse de maison moderne éclaterait de rire en apprenant qu'une reine allait dans ses celliers et savait le nombre de ses jambons.

*
* *

Une beauté quand elle avance en âge,
A ses amants inspire du dégoût ;
Mais pour le vin, il a cet avantage,
Plus il vieillit, plus il flatte le goût !

*
* *

Sur le *Lacryma Christi*, vin italien qu'on récolte au pied du Vésuve :

Un maître ès arts de Cologne allant à Rome but de ce vin et le trouva si bon qu'il s'écria : « Plût au Ciel que le Christ pleurât ainsi dans mon pays. »

*
* *

On sait que Mme de Maintenon, lors de son premier mariage, était fort pauvre. Un soir qu'elle avait du monde à souper et qu'elle n'avait pas de rôti, son laquais, qui ne manquait pas d'esprit, dit à cette dame qui amusait toujours la compagnie par sa conversation pleine de sel et d'agrément : Madame, encore une histoire et l'on ne s'apercevra pas que vous n'avez pas de rôti au souper.

*
* *

Une jeune fille avait avalé trop goulûment un morceau de frangipane et se brûla au point d'en pleurer. Un monsieur qui était assis près d'elle à table demanda ce qu'elle avait à verser des larmes. La jeune fille honteuse dit : « Je viens de me rappeler que ma grand'mère est morte à la même date, il y a douze ans. » Le monsieur, là-dessus, crut pouvoir imiter la gourmande et mangea sans précaution de cette même tarte. Il se brûla comme la jeune fille mais comme elle lui demandait à son tour pourquoi il faisait la grimace : « Oh ! dit-il, je pensais moi aussi à votre grand'mère morte. »

*
* *

On servit, un jour, chez Mlle Arnault un superbe melon. « Il est bien pâle », dit un convive. « Ne voyez-vous pas qu'il relève de couches », reprit l'actrice spirituelle qui, certes, s'y connaissait.

*
* *

Certaines maîtresses de maison ont réduit leurs dépenses de table, ce qui l'autre jour faisait dire à un ami : chez Mme X... lorsqu'il y en a pour six il y en a pour cinq.

*
* *

On retrouve dans un menu de l'époque de Frédéric II préparé pour 8 couverts, un plat d'entrée de 18 ou 20 perdrix accompagnées de 15 poulets.

*
* *

Linné a proclamé l'efficacité des fraises contre la goutte après expériences faites sur lui-même.

*
* *

Mme Aubernon de Neuville avait à table, à côté d'elle, une sonnette qu'elle agitait pour rappeler à l'ordre les invités qui parlaient en aparté. Un soir, Alexandre Dumas, étant à sa droite, allait parler. Elle l'interrompit et lui dit : « Maître, ce n'est pas votre tour de parler. »

Dumas se tut.

Quelques minutes se passent. On finissait les légumes quand la maîtresse de maison, se souvenant tout à coup de son voisin : « Vous disiez, maître? » Et Dumas de répondre : « Je voulais redemander des épinards. »

Princesse LUISA.

*
* *

Dans sa loge de la Comédie-Française, l'inimitable soubrette Augustine Brohan offrait le thé à ses amis, Augier, Dumas, Sardou qu'elle ravissait par sa verve caustique et spirituelle.

Tout à coup, une indiscrète main frappe avec acharnement à la porte. C'est une petite camarade aussi sotte que jolie :

— Ouvre-moi, Augustine, c'est moi, Jeanne, ouvre-moi donc !

— Que je t'ouvre? répond Augustine d'une voix rude. Vous me prenez donc pour une écaillère, mademoiselle?

Princesse LUISA.

UN MENU DE 20 COUVERTS EN 1809

Honneur à la Perdrix.

Quatre potages :

Bisques d'écrevisses.
Julienne aux pointes d'asperges.
Consommé de volaille.
Potage à la reine au lait d'amandes avec biscottes.

Quatre relevés de potages :

Un brochet à la Chambord.
Une dinde aux truffes.
Un turbot à la crème.
Une culotte de bœuf au vin de Madère.

Douze entrées :

Un aspic de filets mignons de perdrix.
Une jardinière.
Des filets de poularde piqués aux truffes.

Des perdrix rouges au fumet.
Des filets de mauviettes sautés.
Des escalopes de perdrix au velouté.
Des filets de lapereau en turban.
Un vol-au-vent financière.
Des ailerons de perdreaux piqués de truffes à la chicorée à la crème.
Deux poulets de grain au beurre d'écrevisses.
Des escalopes de saumon à l'Espagnole.
Filets de bœuf mignons piqués de truffes.

Quatre grosses pièces :

Une truite.
Un pâté de foie gras.
Des écrevisses.
Un jambon glacé.

Quatre rôts :

Un faisan.
Des éperlans.
Des perdrix.
Des bécasses.

Huit entremets :

Une jatte de blanc manger.
Un miroton de pommes.
Des asperges en branches.
Des truffes à la serviette.
Une jatte de gelée d'oranges.
Un soufflet à la vanille.
Des cardons à la moelle.
Des truffes au porto.

Ce menu fut servi au Rocher de Cancale, rue Montorgueil, et avait coûté plus de 1.000 francs. 24 francs de pourboire avaient été donnés spécialement au chef et 36 francs aux serveurs. Il a été un chef-d'œuvre de recherches.

LE FESTIN JOYEUX

La cuisine en musique, en vers libres (1738).

Je viens de découvrir un bouquin du XVIIIᵉ siècle intitulé *Le Festin joyeux ou la cuisine en musique*. Ce curieux ouvrage est précédé d'une épître dédicacée aux dames de la Cour, signée par l'auteur J. Lebas qui se déclare officier de bouche et qui se vante d'avoir obtenu, pendant plusieurs années, l'applaudissement des princes et autres seigneurs illustres du règne de Louis XV.

Dans cet ouvrage, toutes les recettes sont en vers adaptés à des airs à la mode. La sole au vin blanc est une villanelle, la dinde en daube est un rondeau.

L'excellence de la poésie ne nuit pas à l'exactitude des renseignements. Telles par exemple, ces recommandations au sujet du gigot braisé :

> *Couvrez-le bien dessus le feu*
> *Enfoncé dans la braise*
> *Et qu'il se cuise peu à peu*
> *Dans son jus fort à l'aise.*
> *Ha ! voici la bonne façon,*
> *La faridondaine !*
> *La faridondon !*
> *En six heures il sera cuit,*
> *Biribi*
> *A la façon de Barbari,*
> *Mon ami !*

Cela est aussi précis que la *Cuisinière bourgeoise* et cela est bien plus gai.

Figure-toi une jeune fille, aux manches retroussées, épluchant des légumes. Le tableau est sans doute vulgaire.

Mais l'auteur du *Joyeux festin* arrive sur la pointe du pied et lui murmure à l'oreille cette chanson :

> *Oignons et racines coupez,*
> *Puis le tout ensemble mettez*
> *Avec d'excellent beurre,*
> *Eh bien?*
> *Rissoler près d'une heure*
> *Vous m'entendez bien !*

Aussitôt la jeune fille s'imagine qu'elle est sur le gazon entre Tircis et Lubin; sa cuisine se transforme en bosquet. Elle sourit tout en continuant son travail. Le pot-au-feu sera meilleur.

MONSELET (*Lettres gourmandes*).

La tradition du menu en vers a été reprise en nos jours par le maître-queue de l'Hôtel d'Angleterre à Bergerac.

***
** **

Dans un grand dîner de 24 couverts, la charmante Mme X... fit passer un prince de la finance avant un ambassadeur. Ce dernier ne dit rien et s'assit tranquillement à la place qu'on lui avait indiquée, à la gauche de la maîtresse de maison. Le dîner fini, l'ambassadeur baise la main de Mme X... et devant celle-ci il dit au baron : « Monsieur, Sa Majesté, mon Auguste Souverain, sera très flatté quand je lui conterai que ce soir c'est vous qui l'avez représenté. »

Princesse LUISA.

*
* *

Sur le nombre des invités dans un dîner intime il y a un dicton ancien : « Pas moins que les Grâces et pas plus que les Muses. »

Et ceci est dit pour que la conversation soit générale, ce qui rend un petit dîner gai et brillant. Chez Mme Aubernon de Neuville, qui recevait beaucoup, on n'était jamais plus de douze.

Le nombre douze est un nombre fatidique dans les maisons où la table est réputée, un bon chef ne pouvant cuisiner lui-même pour plus de 12 personnes. Lorsque Gambetta avait un grand dîner officiel, le célèbre Trompette faisait la cuisine pour 12, pour les invités les plus importants. Les autres étaient nourris par Potel et Chabot. Gambetta savait l'importance d'une bonne cuisine dans les relations politiques et surtout diplomatiques.

Princesse LUISA.

*
* *

La purée de perdrix étalée sur une croûte de pain rôti est selon l'opinion des gourmets le *nec plus ultra* des jouissances terrestres.

*
* *

L'usage des assiettes n'est pas aussi ancien qu'on le croit généralement. Au siècle de Louis XII on se

15

servait encore de tranches de pain coupées en rond qui en tenaient lieu. Après le repas, ce pain était distribué aux pauvres.

Les premières serviettes furent faites à Reims et offertes par cette ville à Charles VII lorsqu'il s'y fit sacrer.

La fourchette fut inaugurée par Henri III; en revanche les cuillères datent des Egyptiens.

Le couteau devait déjà être en usage lorsque Abraham sacrifia son fils.

L'apparition des verres et des tasses n'est pas fixée comme date dans l'histoire mais on sait que jusqu'à la Révolution les verres, en nombre égal aux convives, figuraient la plupart du temps sur un buffet confiés aux soins d'un valet chargé de les présenter; aussi au cours d'un dîner un peu important se produisit-il souvent des erreurs et plus d'un invité buvait dans le verre de son voisin.

Henri III introduisit l'usage des fauteuils et des chaises pendant les repas, au lieu de bancs.

*

Une dame gourmande fort amateur du gibier voulant prendre une perdrix dans un plat en prit deux pour une parce qu'on les avait liées ensemble. « Quand elles devraient s'égorger, dit-elle, je ne les séparerai pas. »

*
* *

La coupe dans laquelle les romains buvaient à la ronde à la santé des personnes qui leur étaient chères, était appelée « coupe magistrale ». Si c'était à la santé d'une maîtresse, la galanterie voulait, dit-on, que l'on bût autant de coups que son nom avait de lettres.

*
* *

Le plat d'or.

Louis XIV donnait à la famille royale un repas d'apparat et la foule des courtisans circulait autour de la table pour admirer la grâce avec laquelle Sa Majesté avalait une cuisse de faisan. Le célèbre arlequin Dominique, comédien du Roi, s'était glissé dans la foule et ses yeux ne se détournaient pas d'un plat d'or dans lequel étaient des perdrix appétissantes. Le Roi s'en aperçut et dit : « Qu'on donne ce plat à Dominique. » « — Quoi, Sire ! et les perdrix aussi », répliqua l'arlequin.

Louis XIV, stupéfait, hésita un instant puis ajouta, en riant de l'effronterie du jeune homme : « Soit, les perdrix aussi. »

*
* *

Apicius se tua parce qu'il trouvait qu'avec un demi million, reste de son immense fortune, il n'avait plus de quoi souper. Il soupait volontiers d'un plat de sauterelles d'eau qu'il payait fort cher.

*
* *

Le toast.

La Révolution a établi en France l'usage des toasts. Cette dénomination nous vient des Anglais, qui pour porter la santé de quelqu'un mettent dans chaque pot de bière une rôtie de pain qui s'écrit « toast » et qui se prononce toste. Le toast reste à celui qui boit le fond du vase.

Un jour qu'Anne de Bouleyn, la plus belle femme qui existât alors en Angleterre, prenait un bain, les seigneurs de sa suite pour lui faire leur cour prirent chacun un gobelet et puisèrent dans sa baignoire de l'eau qu'ils burent. L'un d'eux ne voulant pas suivre leur exemple, on lui demanda la raison : « C'est, dit-il, que je me réserve le toast. »

*
* *

Un empereur romain mangeait à un seul déjeuner : 500 figues fraîches, 100 pêches, 10 melons, 10 kilogs de raisin, 100 becfigues, 33 douzaines d'huîtres, le tout arrosé d'un nombre indéfini d'amphores des vins les plus vieux.

J. CAPITOLIN.

*
* *

Les Grecs et les Perses chez qui l'art culinaire était élevé à la hauteur d'un sacerdoce faisaient annoncer par le crieur public à travers les rues et carrefours que des prix seraient décernés à quiconque inventerait un plat nouveau.

*
* *

Esope, un comédien du premier siècle, devait être colossalement riche car il se payait souvent un plat auquel son nom est resté attaché et qui consistait en un cent de petits oiseaux chanteurs, élevés en cage, lesquels ne coûtaient pas moins de 6.000 sesterces, soit 1.200 francs de notre monnaie.

*
* *

On demandait à un gros mangeur :
— Combien peux-tu manger de dindons?
— Une vingtaine.
— Combien de pigeons?
— Quarante ou cinquante.
— Combien donc mangeras-tu d'alouettes, lui demanda-t-on?
— Tout le temps, tout le temps !

*
* *

Un capitaine fit un jour le pari qu'un tambour de sa compagnie mangerait à lui seul un veau. Le tambour promit de faire honneur au pari du capitaine. Le veau préparé de différentes façons descendait avec une grande facilité dans l'estomac du tambour. Lorsqu'il en eut mangé les deux tiers il dit au capitaine : « Vous feriez bien de faire apporter le veau car toutes ces petites choses finissent par remplir. »

*
* *

L'abbé Morellet disait : « Il faut être deux pour manger une dinde truffée, je ne fais jamais autrement. J'en ai une aujourd'hui, nous serons deux, la dinde et moi. »

*
* *

Vitellius avait inventé un plat fameux qui se composait de langues de paons et de faisans, de foies de perdrix, de laites de petits poissons, tout cela en quantités prodigieuses. Il avait baptisé ce plat : « Le bouclier de Minerve. »

*
* *

Le Roi des gourmands fut assurément Héliogabale qui, si l'on en croit son historiographe Lampridius, ne fit pas dans le cours de son règne un repas qui lui coutât moins de 25.000 francs (papier). Ses mets de prédilection étaient des pâtés de crêtes de coq (il dut être l'inventeur des vol-au-vent à la financière) de langues de paon et de rossignols, d'œufs de perdrix et de cervelles de faisans. Les restes de ces volailles étaient pour ses chiens, ses ours et ses lions.

MENU DE Mme DE MAINTENON

Extrait d'une lettre de 1678.

Projet de dépenses pour 12 personnes pour la maison de son frère le comte d'Aubigné.

15 livres de viande à 5 sous la livre................	3 l. 15 s.
2 pièces de rôti..........	2 l. 10 s.
Pain.....................	1 l. 10 s.
Bois.....................	2 l. 10 s.
A reporter...........	8 l. 45 s.

Report.	8 l. 45 s.
Vin....................	2 l. 10 s.
Fruits.................	1 l. 10 s.
Chandelles.............	8 s.
Bougie.................	10 s.
	14 l. 13 s.

Voilà à peu près notre dépense qui ne doit pas dépasser 15 livres par jour, le mois 500 livres en y joignant le blanchissage, les flambeaux au poing, le sel et le vinaigre, le verjus, les épices et les petits achats de bagatelle.

Je mets pour les fruits une livre 10 sols, le sucre ne coûte qu'onze sous la livre et il n'en faut pas un quarteron pour une compote. Du reste on fonde un plat de pommes et poires qui passe la semaine en renouvellant quelques vieilles feuilles qui sont dessus.

Je mets deux pièces de rôti dont on épargne une le matin quand monsieur dîne en ville et une le soir, quand monsieur ne soupe pas. Mais j'ai oublié une volaille bouillie pour le potage. Il faut se faire apporter dans un grand plat tout le bouilli qui est admirable dans ce désordre-là. On peut fort bien faire passer les 15 livres, avoir une entrée de saucisses, un jour une fraise de veau, un autre de langues de moutons et le soir le gigot ou l'épaule avec deux bons poulets. J'ai oublié le rôti du matin (le dîner à midi) qui est un bon chapon, et la pyramide éternelle et aussi la compote.

Mme DE MAINTENON.

*
* *

Jadis le potage on mangeait
Dans le plat sans cérémonie
Et sa cuiller on essuyait
Souvent sur la poule bouillie.
Dans la fricassée autrefois
On sauçait son pain et ses doigts,
Chacun mange présentement
Son potage sur son assiette.
Il faut se servir poliment
Et de cuiller et de fourchette
Et de temps en temps qu'un valet
Les aille laver au buffet.
Tant qu'on peut il faut éviter
Sur la nappe de rien répandre,
Tirer du plat sans hésiter
Le morceau que l'on veut y prendre.
Et que votre assiette jamais
Ne serve pour différents mets,
Très souvent il en faut changer,
Pour en changer elles sont faites.
Et ainsi que pour s'essuyer
On vous donne des serviettes;
A table comme ailleurs enfin
Il faut songer à son prochain.

Le marquis DE COULANGE.

*
* *

Messieurs, si vous dînez avec une belle pour la première fois et que vous vouliez arriver au but qu'un homme se propose généralement en cabinet particulier, voici quelques conseils que nous détachons d'un vieux livre.

Si votre belle est maigre, faites-lui manger des hors-d'œuvres, des crudités, des sucreries.

Grasse, faites-lui servir des viandes saignantes, du porto, du chambertin.

Blonde, de la bisque d'écrevisses.

Brune, une soupe à la crème.

Est-ce une ...drôlesse, mettez du piment dans tout.

Pour une femme mariée, aucun mets qui puisse lui rappeler son mari et, si elle le trompe pour la première fois, versez-lui du champagne à flot et ayez beaucoup d'égards pour elle.

Arrive-t-elle de province, faites-lui préparer un plat de son pays.

Est-ce une parisienne pur sang, des blancs de volaille, du foie gras et contez-lui des histoires drôles.

Si c'est une négresse, mon Dieu, tous les goûts sont dans la nature, ne lui faites pas manger de plats à la sauce blanche.

Enfin suivant son âge, de 20 à 30, faites-lui manger plus de poisson que de viande, de 30 à 45 tout le contraire, de 45 à ... mais assez, vous ne l'inviteriez pas !

Assurez-vous avant dîner si elle est maintenue par une gaine de caoutchouc, et si oui ne la faites pas manger trop; si elle ne porte aucune entrave, messieurs, faites bien les choses.

Rappelez-vous : que le vin de Bordeaux est le vin du cœur, qu'il fait naître les généreuses pensées et la croyance aux sacrifices éternels; qu'il vaporise les sentiments et donne une éloquence communicative, une chaleur pénétrante et que, chose bizarre... plus il est vieux... plus il nous rajeunit.

Que le vin de Bourgogne est le vin des passions vives, qu'il donne aux pensées amoureuses une forme accentuée et vous fait voyager au pays des rêves.

Qu'enfin le vin de Champagne est le vin des folies absurdes, et qu'il est une arme défensive contre l'amour.

*
* *

Mme de Genlis, parlant du Père Favart au Comte de Saint-Germain, dit : il me donnait sans cesse des bonbons excellents en forme de fruits qu'il m'assurait avoir faits lui-même, et de tous ses talents ce n'était pas celui que j'estimais le moins.

*
* *

Un bon abbé gourmand ayant mangé trop abondamment de saumon se donna une de ces indigestions fantastiques et en cela il eut tort, car le vrai gourmet doit toujours éviter les indigestions et c'est même là un secret de gourmet; mais l'abbé s'était tant régalé que, trois jours après, l'idée de ce fameux poisson lui revenait encore pendant la messe et au lieu du *Mea Culpa*, du *Confiteor*, il disait tout en se frappant la poitrine : Oh ! le bon saumon ! Oh ! le bon saumon ! Oh ! le bon saumon ! ! !

*
* *

Un jour, la femme d'un célèbre banquier, ennuyée d'avoir à se servir de rince bouche, et n'osant malgré tout pas en faire la suppression pour ses convives, avait résolu de dissimuler ces ablutions, et devant chaque rince bouche elle avait placé des petits paravents *ad hoc*, derrière lesquels les convives se livraient à tous les mystères du cabinet de toilette, mais le bruit de l'eau qui tombe sans qu'on la voie donna lieu à de fâcheuses interprétations et la dame dut renoncer à ses paravents.

Et cela me rappelle l'histoire d'un bon curé de campagne à qui on servit un rince bouche et qui crut bien faire en avalant le contenu.

MENUS ROYAUX

La princesse Charlotte de Bavière, mère du Régent, nous a fait connaître le Roi Louis XIV à table.

« Le Roi, feu Monsieur, Mgr le Dauphin et Mgr le Duc de Berry étaient de grands mangeurs. J'ai souvent vu le Roi, manger quatre pleines assiettes de soupes diverses, un faisan entier, une perdrix, une grande assiettée de salade, deux grandes tranches de jambon, du mouton au jus et à l'ail, une assiette de pâtisserie et puis encore des fruits et des œufs durs. Le Roi et Monsieur aimaient beaucoup les œufs durs. »

CORRESPONDANCE DE MADAME,
MÈRE DU RÉGENT

La princesse Charlotte de Bavière, tout en offrant à notre critique la manière de vivre de Louis le Grand, avait aussi bon appétit, mais elle absorbait une autre série de mets dont le Roi s'amusait fort.

Elle vivait de soupe à la bière et de bœuf salé; elle faisait venir de son pays une certaine choucroute qui exhalait la plus mauvaise odeur dans tout le quartier du château qu'elle habitait et comme elle en voulait faire goûter par esprit national à ceux qui l'allaient saluer pendant son dîner c'était à qui s'enfuirait.

Elle achevait ses repas avec des poires tapées et des pruneaux fricassés pêle-mêle avec du lard et des oignons, et par des salades de harengs crus, assaisonnés à l'huile et à la moutarde. Enfin c'étaient des galimafrées de colimaçons du pays de Bavière et de tranches de melon saupoudrées de tabac d'Espagne. On lui faisait aussi des confitures de panais avec du vin rouge et du miel. Si vous étiez malade après un tel souper, elle avait de la conserve de mûres toute prête. Elle ne tarissait pas sur ses vertus digestives

Henri PLON.

Dictionnaire de la Cuisine française.

LES ŒUFS

Dans un pays lointain, d'un nom assez baroque
   Un étranger (on le nommait Bourret)
   Reconnaissant, aux habitants apprit
A faire cuire des œufs, à les cuire à la coque.
   Un gourmand des plus recherchés
   Vingt ans après trouva les œufs pochés.
   Vingt ans après un autre plus habile
   Inventa les œufs au miroir.
Oh ! du génie, incroyable pouvoir !
S'écria-t-on en tous lieux dans la ville,
   Oh ! qu'un œuf au miroir est bon !

Œuf à la farce, et puis en omelettes
Furent trouvés inventions parfaites.
    Les œufs sur tranches de jambon,
    Et puis ceux brouillés aux tomates,
        Avec des asperges, au jus,
      Avec des coulis, au vert-jus,
      De cent manières délicates
        Méritèrent aux inventeurs
      Les éloges les plus flatteurs.
      Un sage sortant de la foule
De tous ces bien-disant, engoués sans raison,
Leur dit : messieurs, louer, vanter les œufs, c'est bon
Mais vous ne dites rien, pas un mot de la poule !
Nous ressemblons à maints admirateurs des œufs,
Des œufs au caramel, aux oignons, aux crevettes,
Nous louons justement les Cieux et les planètes,
Comment oublions-nous d'en adorer l'auteur.

M. de M. DE SAINT-JUST.

*
* *

Un jour, un adorateur envoya une bourriche de gibier à Mlle X... de la Comédie-Française ; sur le panier, une carte était épinglée où ces mots étaient tracés : « Cette bourriche contient six perdrix rouges, dont quatre grises et deux bécasses. »

*
* *

Une dame désirant une dinde pour Noël écrivit à un marchand de lui en faire parvenir une du Périgord, une belle, celles de ce pays étant les plus réputées. Notre commerçant envoya une dinde de Toulouse et termina ainsi sa lettre : « Afin de vous mettre à même de juger de la bonté des dindes de chez nous je vous envoie ci-joint un beau chapon, duquel, j'espère, vous serez satisfaite. »

QUELQUES LÉGENDES SUR LE PAIN

Le pain cuit le vendredi se conserve toute l'année, celui cuit le jour des morts moisit de suite.

La miche doit toujours être posée à plat; si on la pose sens dessus dessous le diable vient lui-même la retourner.

Il faut toujours faire un signe de croix avec le couteau sur un pain entier avant de l'entamer.

Dans certaines contrées, on marque encore les pains d'autant de ronds faits dans la pâte que le pain pèse de livres.

QUELQUES PRIX SOUS CHARLES IX (1563)

Gros poulet..................	6 sols.
Perdrix....................	6 —
Caille....................	15 —
Grive....................	12 —
Belle poule.................	4 —
Pigeons...................	12 —
Canard....................	3 —
Une douzaine d'alouettes....	3 —
Bécasse...................	3 —
Journée dans un bon hôtel..	10 —

Autour du cassoulet. — Il y a des années, quatre ménages d'écrivains et d'artistes, celui des Adolphe Brisson, des Gustave Larroumet, des Henri de Bornier, des Mounet-Sully, se recevaient chaque semaine pour déguster un cassoulet. Ce fut bientôt un véritable concours; c'était à qui trouverait quelque nouveauté dans la préparation de ce plat succulent, qui s'enrichit de cochonailles et de confits d'oie. Un jour, qu'Aurélien Scholl était invité à déguster ce plat savoureux chez Mme Brisson, il se récria sur les honneurs faits au haricot : « Ah ! non, s'écria Adrien Hébrard, qui raffolait du cassoulet, n'en mangez point, soit, mais n'en dégoûtez pas les autres. » Cette année-là, Mme Brisson avait ajouté un vieil Armagnac. Elle obtint le prix.

TROIS SONNETS GASTRONOMIQUES

DE

GABRIEL PAYSAN

ENVOI

Belles Perdrix ! Je reconnais
Que ce titre n'est qu'une image
Puisque vos ailes sans dommage
Frôlent les toques et bonnets.

Agréez donc ces trois sonnets
Entre la poire et le fromage.
C'est l'humble mais loyal hommage
D'un poète et d'un Lyonnais.

Heureuse qui, familière
Du bois sacré, lace d'un lierre
Ample moisson de lauriers verts.

Qu'au pot-au-feu son soin la presse,
Elle peut, sans qu'il y paraisse,
En laisser choir tout à travers !

LE GRAS-DOUBLE « LYONNAISE »

> L'auteur, déplorant que l'on serve à Paris sous
> le nom de Gras-double Lyonnaise des tripes à
> la mode... de quand ? a voulu, en un sonnet
> qu'il souhaite lapidaire, fixer la recette classique
> d'un mets digne de la ville où, comme dit son
> illustre fils, Henri Béraud, « on sait ce que
> manger veut dire ».

D'une panse de bœuf aussi fine que fraîche
Coupez assez de parts pour qu'aucune ne soit
Longue ni large en tout plus que votre gros doigt.
Cuites, dans la farine on les roule et les sèche.

Dans une poêle que partout la flamme lèche
Mettez un demi-quart de beurre — autant se doit —
Et faites revenir un oignon coupé droit,
Puis couchez-y la tripe ainsi qu'en une crèche.

Qu'on lui donne l'éclat de l'or pâle, pas plus.
Certains osent un peu de vinaigre, le jus
D'un citron... Poivre et sel seront pour me suffire.

Que l'on vous serve chaud avec un beaujolais
Authentique, et si la servante a des mollets,
Que ce... gras-double seul soit dur comme porphyre !

LE POULET A LA CRÈME

Prends un jeune poulet. Préfère-le de Bresse.
En morceaux coupe-le de la tête aux jarrets,
Et dans la casserole, avec du beurre frais,
Fais revenir ces parts sur un feu sans paresse.

Quand elles dorent, sale et poivre avec adresse,
Puis d'un peu de farine émaille-les... Après,
Asperge d'un bon bol de crème — et tout exprès,
Je redis crème ! — Couvre... A Dieu vat ! Rien ne
[presse !

Est-ce cuit ? Casse un œuf, mais rejette le blanc.
Tu bats le jaune et tu le verses, l'y mêlant,
A ta sauce qui doit être onctueuse et fine.

Fais servir chaud... et si l'on te laisse les os,
Estime-toi plus fier que le fameux Phrixos
Apportant à son roi la Toison d'Or divine !

LES MATEFAIMS

> A Lyon on appelle les crêpes des
> « matefaims ».

Pourquoi ce nom fâcheux qui rappelle la Fin,
La fin de tout ! la Mort?... A toi fleurs et couronnes,
O Matefaim, tandis que tu nous éperonnes
A vivre ! Te voiler d'un nom de tissu fin

Et noir — semblable au cul de la poêle où tu donnes
Ta chair blanche comme une aile de séraphin —
Toi qui pour rester Toi jamais ne te charbonnes,
Toi, con-for-table !... Ah ! non, pas crêpe, matefaim !

Le matefaim ! quel mot dira mieux ce qu'on pense?
Le matefaim, matant la faim, bourrant la panse.
Un aliment complet : entremets, plat, dessert,

Avec ses œufs, son lait, sa farine et sa graisse...
Et puis quel sport ! Un bras à le tourner expert
Est seul digne de tes lanceurs de disque, ô Grèce !

G. PAYSAN.

LES " BELLES PERDRIX "
ET LA
CHANSON

Choix de Chansons bachiques

———

Vers à dire

———

Extraits des propos de table de Plutarque

LES " BELLES PERDRIX "
ET LA CHANSON

Paul Poiret, ce parfait gourmet, à qui l'on a reproché de n'être pas qu'un couturier et de posséder trop de cordes à ses violons d'Ingres, dont il joue souvent en virtuose, Paul Poiret me disait un jour qu'il fallait annexer à la gastronomie la conversation, la belle humeur et la chanson.

La chanson, gai couronnement, joyeuse fantaisie des repas de jadis ! Que les *Belles Perdrix* soient bénies, qui ont à cœur de remettre en honneur cette jolie coutume de chanter au dessert !

Berchoux, dans sa charmante *Gastronomie,* accorde une large place à la chanson :

Le dieu que vous servez est l'ami des chansons,
Mêlez donc la musique à vos libations ;
Vous n'avez pas besoin d'être un grand coryphée :
Bacchus ne prétend pas à la gloire d'Orphée.
Chantez ! nous savons bien que vous n'avez jamais
Essayé d'égaler les chantres des forêts...
Vous n'imiterez point les cadences parfaites
De nos jolis Garats aux voix de serinettes.

A table, leur talent eut toujours peu d'attraits.
Vos plaisirs, chantés faux, n'en seront pas moins vrais.

Nos pères ne comprenaient pas un dîner sans refrains, et les sociétés de chansonniers, comme le Caveau, les Enfants de la Lyre, la Société des Joyeux, pullulaient voilà un siècle, se réunissant en joviales agapes.

Les échos de la barrière du Maine, au fameux cabaret de la mère Saguet, qui accueillit Musset et Delacroix, Hugo et Béranger, Mignet et Désaugiers, retentissaient, pendant la belle saison, de couplets galants ou bachiques.

Une franche gaîté animait les dîners de nos grands-pères et de nos grand'mères, à qui la chanson paraissait le complément naturel d'un bon repas. Chacun disait la sienne. La jeune fille brillait dans la romance, le garde national dans la gaudriole, le rêveur interprétait Paul Dupont, et Béranger apparaissait à tous comme une sorte de Dieu. Sa renommée éclipsait celle d'un Lamartine ou d'un Musset.

Les *Belles Perdrix*, dont les initiatives sont si heureuses, veulent faire revivre ces saines et gracieuses traditions de notre race, respectées encore du peuple en province, dans les repas de noces, les réunions familiales, mais qu'un cant stupide avait bannies de la société élégante.

La chanson est gastronomique, car, par la joie et la flamme qu'elle propage, elle prépare une digestion heureuse. Elle épanouit les cœurs et l'estomac. Un repas sans chanson est un rôti sans moutarde, un visage sans sourire.

Les *Belles Perdrix* combattent vaillamment le niais et morose snobisme qui avait exilé de la table cette belle fille pimpante et rieuse, la chanson, et elles prêchent d'exemple. Il suffit de les avoir entendues une fois pour savoir qu'elles sont aussi des rossignols...

Gaston DERYS.

de l'Académie des gastronomes.

IL FAUT TRINQUER

Hé ! qu'avons-nous affaire
Du Turc ni du Sophy
Don don,
Pourvu que j'aye à boire,
Des grandeurs je dy : Fi !
Trinque, seigneur : le vin est bon.
Hoc acuit ingenium.

Qui songe en vin ou vigne,
Est un présage heureux,
Don don,
Le vin, à qui reschigne,
Rend le cœur tout joyeux,
Don don,
Trinque, seigneur : le vin est bon.
Hoc acuit ingenium.

Que ce vin on ne coupe;
Ainçois qu'on boive net
Don don,
Je prie toute la troupe
De vuider le godet
Don don,
Trinque, seigneur : le vin est bon.
Hoc acuit ingenium.

LA CHASSE A LA SOIF

Chantre de table et buveur,
M'est injure d'ordinaire ;
Mais chascun a son humeur :
Je n'y scaurais que faire.
    Liqueur, chère amie,
    Pour la calomnie
Ne crains point qu'aucunement à jamais je t'oublie.

Serais-je bien idiot,
Sous l'ombre d'une injure,
En laissant le vin au pot,
D'estre traitre à nature ?
    O gentil breuvage !
    Ce serait dommage
Qu'enfin on te fist servir de vinaigre au potage.

Toujours, dans le vin vermeil
Ou autre liqueur bonne,
On voit un petit soleil
Qui frétille et rayonne :
    Cela est un signe
    Que le vin est digne.   [vigne.
C'est pour en boire, qu'on prend tant de peine à la

Quand j'ai soif au gosier
Puis cor je prends ma tasse ;
Le vin me sert de limier
Pour lui faire la chasse !
    Elle s'en est fuie !
    Passons notre vie
En ce doux contentement, mon voisin, je vous prie !

INSIPIDITÉ DE L'EAU

Ayant le dos au feu et le ventre à la table,
Estant parmi les pots pleins de vin délectable,
    Ainsi comme un poulet
Je ne me laisseray mourir de la pépie,
Quand en devrois avoir la face cramoisie
    Et le nez violet.

Quand mon nez deviendra de couleur rouge ou perse,
Porteray les couleurs que chérit ma maîtresse.
    Le vin rend le teint beau !
Vaut-il pas mieux avoir la couleur rouge et vive,
Riche de beaux rubis, que si pasle et chétive
    Ainsi qu'un buveur d'eau ?

On m'a défendu l'eau, au moins en beuverie,
De peur que je ne tombe en une hydropisie ;
    Je me perds, si j'en boy
En l'eau n'y a saveur ; prendray-je pour breuvage
Ce qui n'a point de goust ? Mon voisin, qui est sage,
    Ne le fait, que je croy.

Qui aime bien le vin est de bonne nature.
Les morts ne boivent plus dedans la sépulture.
    Hé ! qui sçait s'il vivra
Peut-être encore demain ? Chassons mélancolie,
Je vais boire d'austant à ceste compagnie ;
    Suive, qui m'aimera !

Buvons à tire-larigot,
    Chers amis, à la ronde.
Quand le vin n'est point de l'écot,
    Point de joye en ce monde.
        Défunts nos ayeux
        Prêchaient en tous lieux
        Cette morale sainte ;
        Mon père était pot,
        Ma mère était broc,
        Ma grand'mère était pinte.

BACCHANALES ET CHANSONS

XV

Je ne quitteray jamais ma mie,
Tandis qu'elle fera glou glou;
Je ne quitteray jamais ma mie
Qu'elle ne soit vuide du tout.
 C'est à toy, mon camarade,
 A qui je livre l'assaut?
 Si je refrains mon haleine
 Pardonne-moy, s'il le faut.
Pren donc ton dibedibedon
 Mon joly capitaine;
Pren donc ton dibedibedon
 Et vuidez tout d'un coup.
Je ne quitteray jamais ma mie,
Tandis qu'elle fera glou glou.

Olivier BASSELIN.

CHANSONS NORMANDES

I

C'est à ce jolly moys de may,
Que toute chose renouvelle,
Et que je vous presentay, belle,
Entièrement le cueur de moy.

Les arbres, par leur grant beaulté,
Se sont trestous couvert de vert.
Les oyseillons y ont chanté,
La nuict, le jour, comme il appert :

L'alouette et aussi le gay,
Avec la geule tourterelle,
Qui à son jolly chant appelle
Le rossignol qui est tout gay.

Ma mye m'a salut mandé
Par ung messager seulement,
Ainsy qu'il m'a contremandé
Au jolly boys où il m'attend.

Présentement je m'y en voy;
Je luy diray : « Ma damoiselle,
Par mon serment vous estes celle
Qui resjouit le cueur de moy. »

Hellas ! mon cueur n'est pas a moy :
Il est a ma tant doulce amye;
Mais d'une chose je vous prye :
C'est vostre amour; gardez-la-moy.

Bien heureux seroy, sur ma foy !
Se vous tenay en ma chambrette
Dessus mon lict ou ma couchette :
Plus heureux seroy que le Roy.

Faulx envieux parlent de moy,
Disant que de deux j'en ayme une.
De ceste une j'ayme chascune
Plus qu'on ne pence, sur ma joy !

Je vous supply, pardonnez-moy,
Et ne mectez en oubliette
Celuy qui la chanson a faicte
A l'umbre d'ung coppeau de moy.

Olivier BASSELIN.

BACCHANALES ET CHANSONS

X

As-tu point veu Rouge-nez,
Le maistre des yvrongnes?
Mon père my veut marier.
As-tu point veu Rouge-nez?
En un vieillard my veut donner.
Il pleut, il vente, il tonne.
As-tu point veu Rouge-nez,
Le maistre des yvrongnes?

En un vieillard my veut donner,
(As-tu point veu Rouge-nez?)
Qui n'a ni maille, ni denier.
Il pleut, il vente, il tonne.
As-tu point veu Rouge-nez,
Le maistre des yvrongnes?

Fors un baston de vert pommier,
(As-tu point veu Rouge-nez?)
De quoy il me bat les costez.
Il pleut, il vente, il tonne.
As-tu point veu Rouge-nez,
Le maistre des yvrongnes?

Olivier BASSELIN.

BALADE JOYEUSE DES TAVERNIERS

D'ung gect de dart, d'une lance asserée,
D'ung grant faussart, d'une grosse massue
D'une guis-arme, d'une flèche ferrée,
D'ung bracquemart, d'une hache esmolue,
D'ung grand penart et d'une bisagüe,
D'ung fort espieu et d'une sague boute;
De maulx briguans puissent trouver tel route
Que tous leurs corps fussent mis par morceaulx,
Le cueur fendu, desciré par monceaulx,
Le col couppé d'ung bon branc achevin,
Descirez soient de truye et de pourceaulx
Les taverniers qui brouillent nostre vin.

D'ung arc turcquois, d'une espée affilée
Ayent les paillards la brouaille cousue,
De feu gregoys la perrucque bruslée,
Et par tempeste la cervelle espandue,
Au grand gibet leur charongne pendue,
Et briefvement puissent mourrir de goutte,
Ou je requiers et pry que l'on leur boute
Parmy leur corps force d'ardans barreaulx;
Vifs escorchez des mains de dix bourreaulx,
Et puis bouillir en huille le matin,
Desmembrez soient à quatre grans chevaux,
Les taverniers qui brouillent nostre vin.

D'un gros canon la tête escarbouillée
Et de tonnerre acablez en la rue
Soient tous leurs corps, et leur chair dessirée,
De gros mastins bien garnye et pourvue.
De forz esclers puissent perdre la veue,
Neige et gresil tousjours sur eux de goutte,
Avecques ce ilz aient la pluye toute
Sans que sur eux ayent robbes ne manteaulx,
Leurs corps trenchez de dagues et couteaulx,
Et puis traisnez jusques en l'eau du Rin;
Desrompuz soient à quatre-vingts marteaulx
Les taverniers qui brouillent nostre vin.

Prince, de Dieu soient maulditz leurs boyaulx,
Et crever puissent par force de venin
'Ces faulx larrons, maulditz et desloyaulx,
Les taverniers qui brouillent nostre vin.

François VILLON.

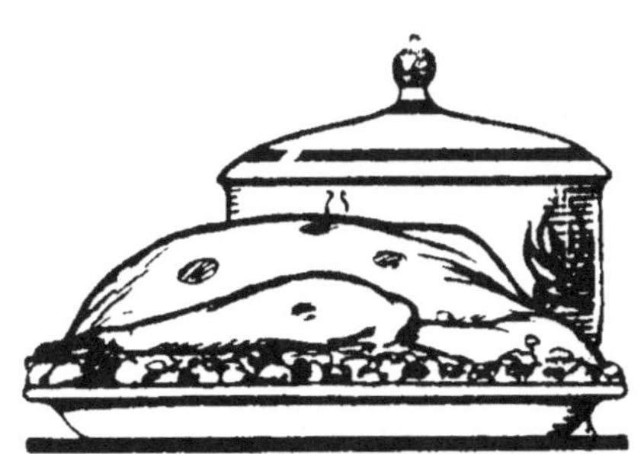

ODES DE RONSARD

Ode XXIV

De la fleur de la vigne.

Ny la fleur qui porte le nom
D'un mois et d'un Dieu, ny la rose
Qui dessus la cuisse d'Adon
D'une playe se vit esclose :

Ny les beaux œillets empourprez
Du teint de Bellonne, ny celle
Fleurette qui parmy les prez
Du nom d'Hyacinthe s'appelle :

Ny celle qu'Aiax enfanta
De son sang vermeil empourprée
Lorsque furieux il planta
Dans son cœur la Troyenne espée :

Ny celle qui iaunit le teint
De la fille trop enuieuse,
En voyant le soleil atteint
D'une autre plus belle amoureuse :

Ny celle qui desur le bord
D'une belle source azurée

Nasquit sur l'herbe après la mort
De la face trop remirée :

Ny les fleurons que diffama
Venus, alors que sa main blanche
Au milieu du liz enferma
D'un grand asne le roide manche :

Ny la belle fleur qui se fist
Des larmes de la belle Heleine :
Ny celle que Junon blanchist
Du laict de sa mammelle pleine

Quand faisant teter le Dieu Mars
Du bout de sa fraize esgoutée,
Le laict qui s'escouloit espars
Fist au ciel la Voye laictée :

Ne me plaisent tant que la fleur
De la douce Vigne sacrée,
Qui de sa nectareuse odeur
Le nez et le cœur me recrée.

Quand la mort me voudra tuer
(A tout le moins si ie suis digne
Que les Dieux me daignent muer)
Je le veux estre en fleur de Vigne :

Et m'esbahis qu'Anacreon,
Qui tant a chery la vendange,
Comme un Poëte biberon,
D'elle n'a chanté la louange.

Ode XXV

Tu es trop sec biberon
Pour un tourneur d'Anacreon,
Belleau, et quoy ! ceste Comete
Qui naguiere au ciel reluisoit,
Rien que la soif ne predisoit,
Ou ie suis un mauvais prophete.

Ses plus chauds Astres etherez
Ramenent les iours alterez
En ce mois pour nous faire boire :
Boy donques : après le trespas,
Ombre, tu ne boiras là bas
Que ie ne sçay quelle onde noire.

Mais non, ne boy point, mon Belleau,
Si tu veux monter au tropeau
Des Muses, desur leur montagne :
Il vaut trop mieux estudier
Comme tu fais, que s'allier
De Bacchus et de sa compagne.

Quand avecques Bacchus on ioint
Venus sans mesure, on n'a point
Saine du cerveau la partie.
Donc pour corriger son defaut,
Un vieil pedagogne il luy faut,
Un silene qui le chastie :

Ou les pucelles dont il fut
Nourry, quand lupin le receut
Tout vif de sa mère bruslée,
Ce furent les Nymphes des eaux :
« Car Bacchus gaste noy cerveaux,
« Si la nymphe n'y est meslée. »

Ode XXVI

Nous ne tenons en nostre main
Le temps futur du lendemain :
La vie n'a point d'asseurance.
Et pendant que nous desirons
La faveur des Rois, nous mourons
Au milieu de nostre esperance.

L'homme après son dernier trespas
Plus ne boit, ne mange là bas,
Et sa grange qu'il a laissée
Pleine de blé devant sa fin,
Et sa cave pleine de vin
Ne luy viennent plus en pensée.

Hé, quel gain apporte l'esmoy !
Va Corydon, appreste moy
Un lict de roses espanchées :
Il me plaist pour me desfâcher,
A la renverse me coucher
Entre les pots et les jonchées.

Fay moy venir d'Aurat ici,
Fais-y venir Iodelle aussi,
Et toute la Musine troupe :
Depuis le soir iusqu'au matin
Je veux leur donner un festin,
Et cent fois leur pandre la coupe.

Verse donc et reverse encor
Dedans ceste grand' coupe d'or,
Je vais boire à Henry Estienne,
Qui des enfers nous a rendu
Du vieil Anacreon perdu
La douce lyre Teïenne.

A toy gentil Anacreon
Doit son plaisir le biberon,
Et Bacchus doit ses bouteilles :
Amour son compagnon te doit
Venus et Silene qui boit
L'Esté dessous l'ombre des treilles.

MA FEMME EST MORTE
(Chanson de Bourgogne.)

I

Jean bien saoulé montant son escalier
Crut voir sa femme étendue su'l'palier *(bis)*
(Parlé). Messieurs du guet ! *(Réponse.)* Qui va là ?
Ma femme est morte.
Montez, montez vite pour la ramasser
Sans quoi je la flanque derrière la porte.

Refrain.

Car c'était elle qui faisait le tapage à la maison.
La guenon, la poison, elle est morte.
Elle ne mettra plus de l'eau dans mon verre
Car maintenant la poison
Elle est morte.

II

Puis Jean gueulant réveilla ses voisins
Fit tant de potin qu'il vit lever Martin.
Ohé Martin ! Quoi qu'y n'ya ?
Ma femme est morte.
Je vous paie la goutte à tous demain matin
Si vous venez lui faire escorte.
Refrain.

III

Puis moult oignons Jean s'en fut acheter
Pour qu'en son deuil on le vit bien pleurer.
  Ohé fruitier ! Voilà voilà !
      Ma femme est morte.
Donnez, donnez vite des oignons bien dorés
  Pour que je la pleure en la sorte.
                              Refrain.

IV

Puis Jean s'en fut réveiller le curé
Qui ronflait fort sous son bonnet carré.
Monsieur le Curé ! Nom de Dieu, qu'est qui y a ?
      Ma femme est morte.
Venez, venez vite lui dire vos oraisons
  Et puis que le diable l'emporte.
                              Refrain.

V

Puis Jean s'en fut trouver le fossoyeur
Qui dans une fosse dormait à la fraîcheur.
  Ohé fossier ! Voilà voilà !
      .   Ma femme est morte.
Creusez, creusez vite un trou large et profond
  Afin que la garce n'en sorte.
                              Refrain.

VI

Auprès de sa femme Jean était retourné
Mais la sale bête était ressuscitée
  Eh mais, Aglaé ! Quoi qu'y a ?
      Tu n'es pas morte ?

Elle répondit le pispot à la main
Tiens ! v'là la tisane que j't'apporte.

Refrain.

Et comme toujours je ferai le tapage à la maison
    Car, vois-tu, ta poison n'est pas morte.
Et je te mettrai cette eau dedans ton verre
        Car maintenant ta poison
                N'est pas morte.

LA VIGNE AU VIN

De vigne en fleure
La voilà la joli' fleure !
Fleuri fleurons... fleurons le vin
La voilà la joli' fleur au vin !
La voilà la joli' fleure !

De fleure en grappe
La voilà la joli' grappe !
Grappi grappons... grappons le vin
La voilà la joli' grappe au vin !
La voilà la joli' grappe !

De grappe en cueille
La voilà la joli' cueille !
Cueilli cueillons... cueillons le vin.
La voilà la joli cueille au vin !
La voilà la joli'cueille !

De cueille en hotte
La voilà la joli' hotte !
Hotti hottons... hottons le vin !
La voilà la joli' hotte au vin !
La voilà la joli' hotte !

De hotte en cuve
La voilà la joli' cuve !
Cuvi cuvons,... etc.

De cuve en presse
La voilà la joli' presse !
Pressi pressons..., etc.

De presse en tonne !
La voilà la joli' tonne !
Tonni tonnons..., etc.

De tonne en cruche !
La voilà la joli' cruche !
Cruchi cruchons..., etc.

De cruche en verre !
Le voilà le joli verre !
Verri verrons..., etc.

De verre en bouche !
La voilà la joli' bouche !
Bouchi bouchons..., etc.

De bouche en ventre !
Le voilà le joli ventre !
Ventri ventrons..., etc.

De ventre en terre..., etc.
De terre en vigne, etc....

BON VIN ET FILLETTE

(Air : Ma tante Urlurette*).*

L'amour, l'amitié, le vin,
Vont égayer ce festin;
Nargue de toute étiquette
          Turlurette,
          Turlurette,
     Bon vin et fillette !

L'Amour nous fait la leçon :
Partout ce dieu sans façon
Prend la nappe pour serviette.
          Turlurette,
          Turlurette,
     Bon vin et fillette !

Que dans l'or mangent les grands,
Il ne faut à deux amants
Qu'un seul verre, qu'une assiette.
          Turlurette,
          Turlurette,
     Bon vin et fillette !

Sur un trône est-on heureux?
On ne peut s'y placer deux;
Mais vivent table et couchette !

            Turlurette,
            Turlurette,
        Bon vin et fillette !

Si Pauvreté qui nous suit
A des trous à son habit,
De fleurs ornons sa toilette.
            Turlurette,
            Turlurette,
        Bon vin et fillette !

Mais que dis-je? Ah ! dans ce cas,
Mettons plutôt habit bas;
Lise en paraîtra mieux faite.
            Turlurette,
            Turlurette,
        Bon vin et fillette !

                    BÉRANGER.

LE VIN ET LA COQUETTE

(Air : Je vais bientôt quitter l'empire).

Amis, il est une coquette
Dont je redoute ici les yeux.
Que sa vanité qui me guette,
Me trouve toujours plus joyeux.
C'est au vin de rendre impossible
Le triomphe qu'elle espérait.
Ah ! cachons bien que mon cœur est sensible :
    La coquette en abuserait.

Faut-il qu'elle soit si charmante !
Ah ! de mon cœur prenez pitié !
Chantez la liqueur écumante
Que verse en riant l'amitié.
Enlacez le lierre paisible
Sur mon front, qui me trahirait.
Ah ! cachons bien que mon cœur est sensible :
    La coquette en abuserait.

Poursuivons de nos épigrammes
Ce sexe que j'ai trop aimé ;
Achevons d'éteindre les flammes
Du flambeau qui m'a consumé.
Que Bacchus, toujours invincible,
Ote à l'amour son dernier trait.
Ah ! cachons bien que mon cœur est sensible :
    La coquette en abuserait.

Mais l'amour pressa-t-il la grappe
D'où nous vient ce jus enivrant?
J'aime encor; mon verre m'échappe;
Je ne ris plus qu'en soupirant.
Pour fuir ce charme irrésistible,
Trop d'ivresse enchaîne mes pas.
Ah ! vous voyez que mon cœur est sensible :
Coquette, n'en abusez pas.

BÉRANGER.

LES GOURMANDS

A Messieurs les Gastronomes

(Air : Tout le long de la rivière).

Gourmands, cessez de nous donner
La carte de votre dîner :
Tant de gens qui sont au régime
Ont droit de vous en faire un crime.
Et d'ailleurs, à chaque repas,
D'étouffer ne tremblez-vous pas ?
C'est une mort peu digne qu'on l'admire.
Ah ! pour étouffer, n'étouffons que de rire ;
N'étouffons, n'étouffons que de rire.

La bouche pleine, osez-vous bien
Chanter l'Amour, qui vit de rien ?
A l'aspect de vos barbes grasses,
D'effroi vous voyez fuir les Grâces ;
Ou, de truffes en vain gonflés,
Près de vos belles vous ronflez.
L'embonpoint même a dû parfois vous nuire.
Ah ! pour étouffer, n'étouffons que de rire ;
N'étouffons, n'étouffons que de rire.

Vous n'exaltez, maîtres gloutons,
Que la gloire des marmitons :
Méprisant l'auteur humble et maigre

Qui mouille un pain bis de vin aigre,
Vous ne trouvez le laurier bon
Que pour la sauce et le jambon;
Chez des Français quel étrange délire !
Ah ! pour étouffer, n'étouffons que de rire;
N'étouffons, n'étouffons que de rire.

Pour goûter à point chaque mets,
A table ne causez jamais;
Chassez-en la plaisanterie :
Trop de gens dans notre patrie,
De ses charmes étaient imbus;
Les bons mots ne sont qu'un abus;
Pourtant, messieurs, permettez-nous d'en dire.
Ah ! pour étouffer, n'étouffons que de rire;
N'étouffons, n'étouffons que de rire.

Français, dînons pour le dessert :
L'Amour y vient, Philis le sert;
Le bouchon part, l'esprit pétille;
La Décence même y habille,
Et par la Gaîté, qui prend jeu,
Se laisse coudoyer un peu.
Chantons alors l'aï qui nous inspire.
Ah ! pour étouffer, n'étouffons que de rire;
N'étouffons, n'étouffons que de rire.

BÉRANGER.

CHANSON DE MARINS
(XVIIIme SIÈCLE)

I

Passant par Paris,   *bis*
Vidant la bouteille,
L'un de mes amis
M'a dit à l'oreille, bon, bon, bon...

Refrain.

Le bon vin m'endort,
L'amour me réveille.
Le bon vin m'endort,
L'amour me réveille encor.

II

L'un de mes amis   *bis*
M'a dit à l'oreille
Jean, prends garde à toi,
L'on courtis'ta belle, bon, bon, bon...
      au refrain.

III

Jean, prends garde à toi   *bis*
L'on courtis' ta belle
Courtis'qui voudra
Je me fous bien d'elle, bon, bon, bon...
au refrain.

IV

Courtis' qui voudra,   *bis*
Je me fous bien d'elle
J'ai eu de son cœur
La fleur la plus belle, bon, bon, bon...
au refrain.

V

J'ai eu de son cœur   *bis*
La fleur la plus belle
Dans un beau lit blanc
Gréé de dentelle, bon, bon, bon...
au refrain.

VI

Dans un beau lit blanc   *bis*
Gréé de dentelle
J'lui fis trois enfants
Tous trois capitaines, bon, bon, bon...
au refrain.

VII

J'lui fis trois enfants   *bis*
Tous trois capitaines

L'un est à Bordeaux
L'autre à la Rochelle, bon, bon, bon
                              au refrain.

VIII

L'un est à Bordeaux   *bis*
L'autre à la Rochelle
L'troisième à Paris
Qui courtis'les belles, bon, bon, bon
                              au refrain.

IX

L'troisième à Paris   *bis*
Qui courtis'les belles
Et l'père est ici
Qui tir' la ficelle, bon, bon, bon
                              au refrain.

X

Et l'père est ici   *bis*
Qui tir' la ficelle
Quand il a quat'sous
Il va-t-au bordel*le*, bon, bon, bon
                              au refrain.

XI

Quand il a quat'sous   *bis*
Il va-t-au bordel*le*
Quand il n'en a pas
I's'tap' la chandelle, bon, bon, bon

COMPLAINTE DES VINS DE BORDEAUX

Vins de Bordeaux, maîtres de poésie,
O Pomerol, mon chef musicien,
Qui m'apprenais dans ta cave moisie
A fredonner sur ton hautbois ancien,
Montbazillac, moine toujours à table,
Au crâne chauve, au regard pétillant,
Qui m'avez fait de votre eau délectable
Arroser truffe et pâté croustillant,
Ma Sainte-Foy qui tendez aux poètes
La liqueur sainte où dort un immortel,
Emilion, l'égal des rois-prophètes,
Instruit comme eux des promesses du ciel,

Adieu, Grands Vins, désormais sans vertus,
Philtre éventé qu'Alain ne boira plus.
Nègre Margaux, botaniste à lunettes,
Bouilleur de cru, manieur d'alambics,
Qui marmottez devant vos éprouvettes
Où vont cuisant fenouils et basilics,
Lascif Pauillac, prieur pâmé de rire,
Nonce enivré, plus rouge que ton froc,
Vous, l'échevin à la toque de cire,
Puissant Latour châtelain du Médoc,
Bon Saint-Estèphe à l'auréole noire,
Au front de feu, qui broyez le genêt
D'un pied plus clair que lune sur l'ivoire,
Sous un habit couleur de cabernet,

Adieu, Grands Vins, désormais sans vertus,
Philtre éventé qu'Alain ne boira plus.

Vous, Sainte-Croix, la rousse bouquetière
Au corset jaune, à l'haleine d'anis,
Qui promenez au long de la rivière
Votre étalage où sont mauves et lis,
Tendre Barsac, doux souffleur de musette,
Vous, l'astrologue, impénétrable Yquem
Qui redonnez d'un seul coup de baguette
Un teint de vierge au vieux Mathusalem,
Marquis Sauterne à la perruque blonde,
Sur un plateau portant parmi les blés
Ton Frontignan qu'aux premiers jours du monde
Un dieu remplit d'un jus d'astres foulés,
Adieu, Grands Vins, désormais sans vertus,
Philtre éventé qu'Alain ne boira plus.

Adresse.

Pourquoi, Grands Vins, rechercher davantage
Un charme en vous qui cesse au point du jour?
Le sorcier meurt, avec lui son breuvage
Par qui vivait le semblant de l'amour.
Déjà Mury se transforme en fumée,
Des seins gonflés les deux beaux fruits mouvants
Ont quitté le rameau; paille enflammée,
Ses cheveux clairs volent aux quatre vents.
Comme un saphir séparé de la bague,
L'œil descellé tombe des griffes d'or;
Sa bouche enfin s'en va comme la vague
Fuit pâlissant sur les sables du nord.
Adieu, Grands Vins, désormais sans vertus,
Philtre éventé qu'Alain ne boira plus.

André BERRY.

CHANSON DU QUINZE-SEIZE

Elles étaient trois vieilles châtelaines
    Dans un château du temps jadis.
L'une cousait gonelles et mitaines,
    Bas à jours, cotillons jolis.
        « Quinze-seize, quinze-seize »,
    Dit le quinze-seize aux coucous
    En tapotant à petits coups
        Sur l'écorce d'un mélèze,
Pendant qu'Alain dans les prés à faisans
Poursuit Mury, fillette aux pieds prudents.
        « Quinze-seize, quinze-seize,
Les deux drôlets vont vers quinze et seize ans. »

L'autre frottait cristaux et porcelaines,
    Cuisait rôts et salmigondis,
Faisait chanter avec des turlutaines
    Merles, serins et bengalis.
        « Quinze-seize, quinze-seize »
    Dit le quinze-seize aux coucous
    En picotant à petits coups,
        Abricot, cerise et fraise,
Pendant qu'Alain parmi les houx luisants
Rejoint Mury, pucelle aux yeux ardents.

« Quinze-seize, quinze-seize,
Les deux drôlets ont leurs quinze et seize ans. »

La tierce dame ornait de marjolaines
    Des plans de trèfles et de radis,
Et dans un verre offrait l'eau des fontaines
    Aux lèvres boudeuses des lis.
        « Quinze-seize, quinze-seize »,
    Dit le quinze-seize aux coucous
    En bécotant à petits coups
    L'oiselle aux yeux fermés d'aise,
Pendant qu'Alain dans les bois complaisants
Baise Mury, galante aux blanches dents.
        « Quinze-seize, quinze-seize,
    Les deux drôlets n'ont plus quinze et seize ans. »

André BERRY.

LE MAITRE D'ÉCOLE
OU LA DISTRIBUTION DES PRIX

Allons vite qu'on se place,
Venez mes petits amis,
C'est aujourd'hui dans ma classe
Distribution des prix ;
Allons vite qu'on se place
C'est aujourd'hui dans ma classe
Distribution des prix *(Bis)*.

Je ne sais pas pourquoi on s'est ingéré de donner tous les ans des livres plus ou moins reliés à un tas de petits drôles qui seront toute leur vie des ânes et pas autre chose ; mais les parents m'envoyent des pains de sucre ou des liqueurs à ma fête et aux étrennes, il s'agit de distribuer les prix en conséquence... aux plus gros pains de sucre... Allons, messieurs, avancez donc. — Monsieur, c'est Benoît qui me pousse. — Non, monsieur, c'est Fanfan qui me fait des cornes. — Ah, c'est pas vrai monsieur, c'est Coco qui me tire la langue... — Monsieur, ne l'écoutez pas, c'est un rapporteur, un capon... *(Le maître.)* Sont-ils gentils... des amours... de vrais chérubins...

> Ah ! c'est charmant sur ma parole,
> Et, grâce à mes soins, ces enfants
> Feront honneur à mon école
> Et seront de fameux savants.
> Près de nous venez sans crainte,
> Avancez, mon cher ami,
> Je veux, petit Hyacinthe,
> Vous interroger ici.

Il est rempli de moyens ce petit Hyacinthe, voyons un peu, mon cher ami, on dit que vous êtes très fort pour la mémoire, que vous retenez par cœur tout ce que vous voulez. *(L'enfant.)* Oh ! oui monsieur, je sais par cœur « Au clair de la lune, mon ami Pierrot ». — Ce n'est pas cela que je vous demande, récitez-nous une fable de La Fontaine. — Laquelle ? monsieur. — Celle que vous voudrez. — Je n'en sais qu'une, monsieur. — Choisissez celle-là. La cigale ayant chanté tout l'été tenait dans son bec un fromage... Quand la biche fut venue... Un fromage... un fromage... très bien... et la morale de cette fable qu'elle est-elle ?... — C'est un fromage, monsieur. — Parfait. — Un prix de mémoire à M. Hyacinthe...

> Ah ! c'est charmant...
> Passons à l'histoire ancienne
> Et point de distractions,
> Que le petit Beuglan vienne
> Répondre à mes questions ;
> Passons à l'histoire ancienne
> Que le petit Beuglan vienne
> Répondre à mes questions. *(Bis.)*

Allons monsieur Mimi Beuglan, approchez... ne

pleurez pas... il est très timide cet enfant... levez les yeux... ne mettez pas vos doigts dans votre nez... n'ayez donc pas peur... Qu'est-ce qui a fait le ciel et la terre... *(L'enfant pleurant.)* Ce n'est pas moi, monsieur, ce n'est pas moi... hi-hi-hi. — ... Qu'est-ce qui a fait le monde... — Je ne le ferai plus, monsieur, je ne le ferai plus... Très bien, très bien, très bien... Un prix d'histoire à M. Mimi Beuglan...

> Ah ! c'est charmant...
> Passons à l'arithmétique,
> Il faudra se signaler,
> Car à présent on s'applique
> A savoir bien calculer ;
> Passons à l'arithmétique
> Car à présent on s'applique
> A savoir bien calculer,
> Il faut très bien calculer.

Monsieur Fanfan Troussard, venez un peu ici... Bel enfant... quelle physionomie... il a quelque chose de Voltaire dans les narines... il ne faut pas vous gratter comme cela, mon ami. — Monsieur, c'est que j'ai été voir ma tante et j'attrape toujours des puces chez ma tante, parce qu'elle a trois chiens... Ah ! cré coquin ça me chatouille. — Allons petit Troussard, attention, une addition de mémoire... 2 et 2 font. *(L'enfant.)* 2 et 2 font 4 et 4 font 8 et 8 font quarante-douze et douze 93, dans 93 je pose 3... — Et vous retenez. — Et je retiens tout, monsieur. — Pas mal... pas mal... il a de grandes dispositions pour le commerce... Premier prix de calcul à Fanfan Troussard.

Ah ! c'est charmant...
C'est sur la géographie
Que je vais interroger,
Attention je vous prie,
Du savoir je vais juger ;
Attention je vous prie,
C'est sur la géographie
Que je vais interroger.

Voyons, monsieur Coco Montonnet, approchez... Oh ! pour celui-ci c'est une des plus fortes têtes de ma classe. *(L'enfant.)* Oh, oui, monsieur, j'ai une bien grosse tête car je mets le chapeau de papa en poil de lapin. — Monsieur Coco, répondez ex abrupto. Qu'est-ce que c'est que l'Italie ? — C'est un pays qui a la forme d'une botte. — Bravo, voyez comme il est ferré à propos de bottes... Ensuite. — C'est un pays chaud où il pousse des oranges, des melons, du macaroni et des poires d'Angleterre. — Où est situé Rome ? — Sur le Pô, monsieur. — Naples ? — Sur le Pô. — Le mont Vésuve ? — Sur le Pô, sur le Pô... — Bravo... voilà un enfant qui ne demande qu'à aller... Premier prix de géographie à M. Montonnet...

Ah ! c'est charmant, etc.

Paul DE KOCK.

EXTRAITS DES PROPOS DE TABLE
DE PLUTARQUE *(3ᵉ Livre)*

QUESTION PREMIÈRE

S'il est bon de porter sur la tête chapeaux de fleurs
à la table.

En un banquet que faisait un jour à Athènes le
musicien Eraton, ayant sacrifié aux Muses, là où
il y avait belle compagnie, on mit en avant le propos
des couronnes et chapeaux de fleurs, parce que l'on
en apporta de toutes sortes après le souper, et Ammonius se moqua un peu de nous, qui, au lieu de chapeaux de lauriers, en mettions de roses sur nos
têtes, parce, disait-il, que les chapeaux de fleurs
sont plus propres aux filles et conviennent mieux
aux pucelles et jeunes femmes que non pas aux
assemblées des philosophes et des hommes de lettres.
Et m'ébahis de cet Eraton, attendu que haïssant
et réprouvant les fleurettes en la musique, et blâmant
le bon et gentil Agathon de ce que l'on dit, que ce
fut lui premier qui faisant jouer la tragédie des
Mysiens mêla parmi la musique ordinaire un petit

peu de la chromatique, et cependant lui-même nous a rempli tout son festin de festons et chapeaux de fleurs, et de toutes sortes de parfums et senteurs : trouvant étrange que fermant la porte des oreilles aux délices et aux voluptés, il ouvre cependant celle des yeux et des naseaux, leur donnant entrée en l'âme par ailleurs et faisant de la couronne de religion et dévotion, chapeau de volupté et de dissolution : combien que les huiles et poudres des parfums rendent plus douce et plus suave odeur, que ne font pas ces chapeaux de fleurs toutes fanées et flétries entre les mains des bouquetières : et toutefois elles n'ont point de mise dans les banquets et assemblées des philosophes, d'autant que c'est une volupté oiseuse, qui n'est accouplée à utilité quelconque, ni ne part d'aucune source de nécessité naturelle, ni plus ni moins que ceux qui vont en un banquet, y étant menés par quelqu'un des convives suivant une coutume honnête, ils sont les bienvenus et traitez de même que les convives comme fut Aristodemus mené par Socrates au festin que faisait Agathon : mais si quelqu'un présumait d'y aller de lui-même sans y être mandé, ni mené, on lui fermerait la porte. Aussi les voluptés du boire et du manger étant conviées par la nécessité, en suivant les appétits naturels, ont lieu même entre les sages : mais aux autres qui viennent sans être mandés n'y conviez par une seule convoitise désordonnée, la porte leur est bouchée. A ces paroles d'Ammonius, les jeunes hommes qui ne connaissaient pas encore sa façon de faire, étant honteux, commencèrent tout belle-ment à arracher les chapeaux de fleurs qu'ils avaient dessus leurs têtes. Mais, moi qui savais que c'était pour un exercice, et pour nous inviter à en chercher la raison, qu'il avait mis ce propos en avant, adressant ma parole au médecin Tryphon : Il est raisonnable, dis-je, ou que tu poses comme nous ce beau chapeau que tu as sur la tête, reluisant de belles roses vermeilles, ou bien que tu dises présentement, comme tu fais souvent entre nous, les profits et commodités que nous apportent les chapeaux de fleurs quand nous buvons d'autant. Alors Eraton prenant la parole : Comment, dit-il, est-il donc ordonné que l'on ne doit recevoir aucune volupté, sinon qu'elle apporte son salaire quant à elle ? Et que quand on nous tiendra bien aises, nous nous en fâcherons et courroucerons, si ce n'est encore avec quelque loyer : car quant aux huiles de parfum et à la couleur de pourpre, à l'aventure, y a-t-il bonne occasion pour laquelle nous en devons avoir quelque honte, pour la superfluité affectée et trop curieusement cherchée qu'il y a : et les devrions rejeter comme vêtements, couleurs et oignements frauduleux et trompeurs, ainsi que disait jadis le Scythe barbare. Mais les couleurs et odeurs qui sont naturelles sont simples, pures et nettes, ne diffèrent en rien des fruits des arbres que la nature produit. Ne serait-ce donc pas une sottise de recueillir le jus de tels fruits, et cependant condamner et rejeter les odeurs et les couleurs que les saisons apportent à cause de la volupté et du plaisir qui fleurit par-dessus, si d'ailleurs elles n'apportent encore quelque propriété qui soit utile et profitable ? car plustôt il semble au contraire, que s'il est véritable, comme vous autres philosophes dites que la nature ne fait rien pour néant et en vain, qu'elle a fait et produit ces choses-là pour la volupté de l'homme seulement, qui ne servent à autre chose qu'à réjouir et donner plaisir, et n'ont point d'autre propriété, qu'il soit ainsi, considérez comme dans les arbres et plantes qui verdoient la nature a donné des feuilles pour sauver et contregarder leur fruit et à fin que sous icelles les arbres s'échauffant ou se rafraîchissant, puissent plus facilement porter les injures de l'air et mutation du temps : mais quant à la fleur, elle ne porte profit quelconque si ce n'est qu'elle nous donne quelque plaisir à voir et à sentir, pour ce qu'elle nous rend de merveilleusement suaves odeurs, et nous ouvre la porte à une infinité de teintures et couleurs presque inimitables. Et pourtant, quand on arrache les feuilles aux arbres, il semble qu'ils en soient marris, qu'ils en sentent douleur d'une blessure ulcérée, et d'un dépouillement de leur naturelle beauté et honneur, en demeurant difformes à voir. Si ne se faut pas seulement abstenir, comme dit Empedocle,

Totalement des feuilles de laurier :

Mais faut-il aussi pardonner aux feuilles et branches de tous autres arbres, et ne se point parer de leur désemparement, en leur ravissant par force et contre nature là où leur ôter leurs fleurs ne leur fait tort ni dommage quelconque : car cela ressemble proprement aux vendanges quand on ôte le raisin à la vigne, parce que qui ne les leur ôte en la saison, elles tombent d'elles-mêmes toutes fanées et flétries. Comme donc les peuples barbares se vêtent de peaux de leurs moutons, au lieu de faire des draps de leur laines, aussi me semble-t-il que ceux qui tissent leurs chapeaux et couronnes de feuilles plus tôt que de fleurs, ne se servent pas des plantes ainsi qu'il appartient. Voilà ce que je dis quant à moi, pour défendre la cause des bouquetières qui font des chapeaux de fleurs. Car je ne suis pas Grammarien pour alléguer les poètes, où nous lisons comme anciennement les victorieux qui avaient gagné le prix en jeux sacrés étaient couronnés de chapeaux de fleurs, bien dirai-je que le chapeau de roses était proprement destiné et attribué aux Muses, ainsi qu'il me souvient avoir lu en un passage de Sappho, là ou parlant d'une femme ignorante et aliénée des Muses, elle dit :

> Toute au tombeau morte gerras,
> Pour ce que cueilly tu n'auras
> Jamais des roses, dont fleurie
> Est la montagne Pierie.

Mais il nous faut écouter si Tryphon ne nous alléguera point quelque témoignage de sa médecine. Tryphon a donc prenant la parole : Les anciens, dit-il, n'ont point oublié à traiter de cela, comme ceux qui usaient et se servaient beaucoup des plantes à la médecine, dont il y a encore de grands signes qui en sont demeurés jusque aujourd'hui. Car les Tyriens offrent à Agenorides, et les Magnesiens à Chiron, qui les premiers ont exercé et pratiqué la médecine en leurs pays, les prémices des herbes et des racines, dont ils pensaient guérir les malades. Et Bacchus, non seulement pour avoir inventé le vin, qui est une puissante et plaisante médecine, fut estimé bon médecin, mais aussi parce qu'il enseigna à ceux qui étaient épris de fureur bacchanale de se couronner la tête de lierre, mettait cette plante en honneur et en réputation, à cause qu'elle a une propriété contraire à celle du vin, réprimant et éteignant par sa froideur la chaleur d'iceluy, et le gardant par ce moyen d'eni-

vrer et les noms mêmes de quelques plantes montrent
en cela la soigneuse diligence des anciens : car ils ont
appelé le noyer Caryon, pour autant qu'il jette une
vapeur et esprit perçant et en dormant, qui fait mal
à la tête de ceux qui se couchent et s'endorment
dessous ses branches et à son ombre. Le Narcisse,
autrement Campanette, a semblablement été ainsi
appelé, d'autant qu'il endort les nerfs et engendre
des pesanteurs endormies. C'est pourquoi Sophocles
l'appelle l'ancienne couronne des grands dieux, qui
est à dire des dieux terrestres. Aussi dit-on que
Peganon, qui signifie la Rue, est ainsi appelée,
d'autant que par sa chaleur elle fait sécher et durcir
la semence de l'homme et généralement est ennemie
aux femmes grosses. Quant à l'Améthyste, tant
l'herbe que la pierre qui en porte le nom, ceux qui
estiment qu'elles aient l'une et l'autre été ainsi nom-
mées parce qu'elles empêchent l'ivresse, ils se trom-
pent pour ce que l'une et l'autre a été ainsi nommée
pour la couleur, à cause que la feuille n'a pas la couleur
vive, mais ressemblant à celle d'un vin passé et usé,
ou qui est fort détrempé d'eau. L'on pourrait alléguer
plusieurs autres plantes, auxquelles la force et la
propriété naturelle a imposé le nom, mais ces exemples-
là suffisent pour montrer la diligence et expérience
des anciens pour laquelle ils usaient de chapeaux
de feuilles et fleurs sur leurs têtes, cependant qu'ils
buvaient. Car le vin pur venant à donner à la tête
et à relâcher tout le corps en saisissant l'origine des
nerfs et des sens, tourmente et travaille fort l'homme,
là où les fluxions de senteurs qui sortent des fleurs
y servent merveilleusement, d'autant qu'elles munis-
sent, remparent et fortifient la tête contre l'ivresse,
comme une citadelle, d'autant que les chaudes

ouvrent médiocrement, et destouppent les pores, et
en ce faisant donnent moyen au vin de s'évaporer
et éventer les fumées. Au contraire celles qui sont
modérément froides, par un gracieux attouchement,
repoussent les vapeurs qui montent au cerveau,
comme font les chapeaux de violettes et de roses et
par leur odeur répriment et empêchent les douleurs
de la tête. Mais la fleur du souchet, du safran et de la
gantelee attire doucement à dormir ceux qui ont bu :
car elle a une défluxion douce et coulante uniement
qui aplanit, tout bellement les inégalités et âpretés
qui sont au dedans de ceux qui boivent et y engen-
drant une tranquillité rabat la tourmente de l'ivro-
gnerie. Il y a d'autres espèces de fleurs, dont les
odeurs jaillissant au cerveau purgent les pores des
sentiments, et subtilisent les humeurs tout doucement, sans agitation ni violence, en les raréfiant par
leur modérée chaleur, et le cerveau qui de sa nature
est froid, en est aucunement réchauffé. Voilà pourquoi,
anciennement, ils usaient de festons de fleurs qu'ils
attachaient et pendaient au col, lesquels pour cette
occasion ils appelaient comme qui dirait sous-par-
fums, et se frottaient toute la poitrine des huiles
où elles avaient été trempées : ce que témoigne Alcens,
là où il commande qu'on lui verse de l'huile parfumée
sur sa tête qui a tant souffert, et sur sa poitrine chenue,
car ainsi les odeurs se guindent jusques au cerveau,
étant ravies par les sentiments. Si ce n'était pas parce
qu'ils pensassent que l'âme eut la résidence dedans
le cœur, qu'ils appelaient Hypothymidas, ces chapeaux
et festons qu'ils se mettaient à l'entour du col, comme
quelques-uns ont voulu dire, parce que si c'eût été
à cause de cela, il eût plutôt été convenable qu'ils
les appelassent Epithymidas : mais c'était, comme

je dis, pour l'exhalation et évaporation. Il ne nous faut pas ébahir si les exhalations des fleurs ont si grande force : car on trouve par écrit, que l'ombre du lierre blanc fait mourir les hommes qui s'endorment dessous, mêmement quand il est en sa fleur. Et du Pavot il en découle un esprit quand on recueille le jus que qui ne s'en donne bien de garde en tombe tout évanoui par terre : et l'herbe qui s'appelle Alysson, en la prenant en la main, voire en la regardant seulement, fait passer les sanglots du hoquet et dit-on qu'elle est aussi fort bonne au bétail pour le garantir de maladies à qui la plante au long des bergeries et alentour des étables. Et Rhodon, la rose, est ainsi appelée parce qu'elle jette un grand flux d'odeur, aussi est-ce pourquoi elle se fane et se passe bientôt : elle est rafraîchissante de propriétés et néanmoins a couleur de feu, non sans cause, parce qu'il y a un peu de chaleur qui vole par-dessus, étant poussé du dedans au dehors par sa naturelle froideur.

QUESTION QUATRIÈME

Si les femmes sont de complexion et température

plus froides ou plus chaudes que les hommes.

Ainsi doncques parla Sylla : et le capitaine Apollonides, qui faisait profession de ranger les gens en bataille, dit qu'il approuvait bien ce qui avait été allégué des vieilles gens, mais qu'il lui semblait qu'on avait omis à dire la cause de la froideur naturelle des femmes, par laquelle on disait que le vin qui est fort chaud venait à s'éteindre, et à perdre cette véhémence enflammée qui secoue et ébranle tout le corps de l'homme, ce qui toutefois avait été trouvé vraisemblable par toute la compagnie. Mais Athryilatus, médecin natif de l'île de Thasos, entrejetta un peu de retardement à l'inquisition de cette cause : parce qu'il y en a, dit-il, qui estiment que les femmes ne sont pas froides, mais plus chaudes que les hommes et qu'il y en a aussi qui tiennent que le vin ne soit pas chaud, mais froid. De quoi Florus s'émerveillant : Quant au vin, dit-il, je le laisse à celui-là, en me montrant, pour ce qu'il n'y avait pas longtemps que nous en avions devisé ensemble : mais quant aux femmes, ceux qui cuident soutenir qu'elles sont plutôt chaudes que froides, allèguent pour prouver leur dire, qu'elles ne sont point pelues ni velues, disant

que c'est à cause que la chaleur consume la superfluité qui engendre le poil. Secondement, ils allèguent
l'abondance du sang qui semble être la source de la
chaleur qui est dedans le corps; et les femmes en ont
tant, qu'elles brûleraient et s'enflammeraient si souvent elles n'avaient leurs purgations. Tiercement,
l'expérience des funérailles et obsèques, ce disent-ils,
montre et prouve que les corps des femmes sont plus
chauds que ceux des hommes, parce que ceux qui
ont la charge de brûler les corps en mettent toujours
un de femme parmi dix d'hommes, car il aide à faire
brûler les autres, d'autant que leur chair a je ne sais
quoi de gras, qui brûle comme une torche, de manière
qu'il sert de bois sec à allumer les autres. D'avantage s'il est vrai que ce qui est plus génératif, soit
aussi plus chaud : il est certain que les filles sont
plus tôt prêtes à marier, et appellent plus tôt la géné-
ration que non pas les fils : et ce n'est pas petite ni
faible preuve de chaleur, mais plus grande et plus
vraisemblable, ce qu'elles supportent plus facilement
la rigueur du froid et de l'hiver : car elles transissent
moins de froidure que ne font les hommes, et demandent bien peu d'habillements. Mais, au contraire, dit
Florus, il m'est avis que par ces mêmes arguments,
cette opinion se réfute d'elle-même. Car premièrement, elles supportent mieux le froid et y résistent
plus facilement, d'autant que chaque chose s'offense
moins de son semblable. Et puis, elles n'ont pas la
semence idoine à engendrer, à cause de leur froideur,
mais sert leur géniture seulement de matière et de
nourriture à la semence virile. Qui plus est, elles
cessent bien plus tôt de porter que les hommes
d'engendrer, et brûlent leurs corps mieux que ne
font ceux des hommes, d'autant qu'ils sont plus gras,

et la graisse est la plus froide partie de tout le corps : c'est pourquoi les jeunes hommes, et ceux qui font plus d'exercice ont moins de graisse : et la purgation de leurs mois n'est pas signe d'abondance ou de quantité grande, mais de corruption ou de mauvaiseté de sang : car ce qu'il y a de plus cru et de plus superflu, n'ayant où s'arrêter et s'amasser dedans le corps, en sort dehors tout pesant et tout trouble, à cause de son imbécillité procédant de faute de chaleur. Ce qui appert parce que ordinairement celles qui ont leurs mois sont frileuses et tremblent de froid le plus souvent d'autant que ce qui est ému, et qui demande à sortir de leurs corps, est froid et cru. Au reste, quant à ce qu'elles ont le cuir lisse sans aucun poil, qui dirait que cela fût effet de chaleur et non pas plutôt de froideur ? Vu que nous voyons que les plus chaudes parties du corps humain sont ordinairement velues : car toutes telles superfluités sont poussées au dehors vers le cuir par la chaleur qui gratte et ouvre les pores de la superficie d'iceluy. Mais au contraire la polissure vient de la froideur, qui l'épaissit et la serre. Or, qu'elles aient le cuir plus serré que les hommes, seigneur Athryilatus, tu l'entendras de ceux qui couchent avec les femmes, lesquelles se parfument le corps, ou se frottent d'huiles de senteurs : car ils se trouvent tout pleins de tel parfum et huile encore qu'ils ne s'approchent pas d'elles et qu'ils ne les touchent pas, à cause que leurs corps d'eux, qui est chaud et rare, le tire à soi : toutefois, dit-il, quoi qu'il en soit, si la cause des femmes divinement a été débattue.

MENUS DE DINERS DES
" BELLES PERDRIX "

MENUS DE DINERS

des " BELLES PERDRIX "

DANS LES PREMIERS RESTAURANTS ET AUBERGES DE PARIS.

(Extrait des Satuts)

Art. 2. — Les Belles Perdrix qui, contrairement à l'ordre naturel des choses, désirent bien manger et non pas se laisser manger, se réuniront pour déjeuner ou dîner une fois par mois, afin d'apprécier comme il convient la fine cuisine, pour s'instruire plus encore dans l'art de la bonne chère et pour contribuer à la renommée des maisons qui les auront le mieux traitées.

Art. 5. — Contrairement aux clubs masculins de gastronomes qui se refusent à admettre les femmes, les Belles Perdrix, une fois par an, convieront des perdreaux à leurs agapes. Chaque perdrix aura le droit d'amener un perdreau de son choix qui ne pourra jamais être son mari; le même perdreau ne pourra pas être invité deux années de suite par la même perdrix. Il est interdit de se voler mutuellement le perdreau pendant la réunion.

L'adresse du petit club est : « A la meilleure becquetée. »

DÉJEUNER

DE FONDATION DES « BELLES PERDRIX »
AU RESTAURANT DES VIKINGS, rue Vavin

Le 18 janvier 1928

Les canapés scandinaves
Homard à l'Américaine
Le coq en pâte
Les artichauts Grand-Duc
Les fromages
La bombe Viking
avec les gaufrettes feuilletées normandes
Fruits

VINS

Bière Tuborg
Chablis Ire 1920
Châteauneuf-du-Pape 1919
Montbazillac.

CAFÉ, LIQUEURS

DINER

DES « BELLES PERDRIX »

A L'AUBERGE DU PÈRE-LOUIS, rue de la Boule-d'Or

Le 17 février 1928

La petite marmite
La crème Princesse
Les filets de sole Belle Perdrix
La poularde à la broche
Les pommes noisettes
Les petits pois
Le pâté de foie gras en croûte
La salade Lorette
La poire de l'Auberge
Les mignardises
Les fromages
Les fruits

VINS

Château Doisy Daène 1914
Les trois châteaux de Ribeauvillé 1926
Château Beau-Séjour 1920
Clos Vougeot en magnum 1923
Pol Roger brut

CAFÉ, LIQUEURS

DÉJEUNER

DES « BELLES PERDRIX »

Au Relais de la belle Aurore, rue Gomboust

Le 28 mars 1928

Les Cochonnailles, Pâtés, amuse-gueule, Fruits de mer
Les petits homards à la manière de Bicard
Les champignons à la Vidal
La salade aux herbes de saison
Les fromages tous les parfums
La glace Belle Perdrix
Les friandises
Les fruits du Clos Dupont-Barbier

LES VINS

Bordeaux Sainte-Foy
Graves
Figeac
Laurens brut

Café Corcelet

DÉJEUNER

DU CLUB DES « BELLES PERDRIX »
AU GRAND VENEUR, rue Demours

18 *avril* 1928

Barquettes Biltgen
Turbotin Monique
Le chapon grand Veneur
Sorbet Belles Perdrix
Le Baron de Pauillac à la tournebroche Horticole
Salade Aïda
Rocher Mexicain
Fruits

VINS

Porto Frontignan
Château la Tour Blanche 1913
Château Cheval Blanc 1921
Grand Chambertin 1911
Mumm Cordon rouge 1898

CAFÉ, LIQUEURS

DINER

DES « BELLESPERDRIX »
DIT DINER DES PERDREAUX
CHEZ DROUANT, place Gaillon

Le 31 mai 1928

Consommé Madrilène en gelée
Paupiette de sole Carlier
Canard Nantais braisé Montmorency
Pommes chipp
Asperges Flamandes
Fraises Romanoff
Mignardises
Fromages
Fruits

VINS

Pouilly Fuissé 1921
Volnay Angle 1915
Champagne Saint-Marceaux

CAFÉ, LIQUEURS

DINER

DES « BELLES PERDRIX »

A LA POMME D'OR, rue Notre-Dame-de-Lorette

Le 14 novembre 1928

Les Picotins des Belles Perdrix
Le Turbot Pomme d'or
Le filet en Chevreuil de l'Auberge
La pomme d'or farcie
Le poulet flambé du Gars normand
La salade de saison
Fromages bien assortis
La bombe Pomme d'or
Les beaux fruits

VINS

Muscadet de Nantes
Saint-Estèphe 1920
Fleurie Belle Côte 1920
Clos d'Estournelle 1912
Château Montbazillac
Champagne Ackermann Laurence

CAFÉ, LIQUEURS

Chocolats de la Marquise de Sévigné

DINER

DES « BELLES PERDRIX »
CHEZ JULES BIGEON, rue Sainte-Anne

Le 18 *décembre* 1928

Potage crème Belles Perdrix
Suprême de barbue Bigeon
Lièvre à la Royale
Cœurs d'artichauts Lucullus
Salade Georgette
Pêches Sainte-Anne
Mignardises
Corbeille de fruits

VINS

Côtes Saint-Philippe en Carafe
Moulin à vent 1925
Besserat de Bellefoy nature

Café Corcelet

Chocolats de la marquise de Sévigné

DINER

DES « BELLES PERDRIX »
RESTAURANT DES VIKINGS, rue Vavin

Le 18 janvier 1929

Canapés scandinaves
Pamplemousse
Saumon poché sauce hollandaise
Poulet Cocotte
Champignons grillés sur toasts
Fromages
Coupe glacée Belles Perdrix
Friandises

VINS

Meursault 1919
Côtes de Beaune 1923
Saint-Marceau carte blanche

CAFÉ

DINER MONDAIN

DES « BELLES PERDRIX »

CHEZ LEUR MARRAINE, Mme S.

Le 4 février 1929

Huîtres Royales d'Ostende
Waterzoo à la mode de chez nous
Côtes de bœuf à la flamande
Garniture à l'ancienne
Le foie gras des Belles Perdrix
La salade bonne fée
Glace d'honneur des Dames
Mignardises
Fruits merveilleux des quatre saisons

VINS

Château Beychevelle 1890
Clos du Roi 1914
Roederer en magnum 1915

CAFÉ, LIQUEURS

DINER
DES « BELLES PERDRIX »
CHEZ GADY, avenue Victor-Hugo
Mars 1929

Petite marmite
Truites meunière
Bas Rond de Pauillac
Pommes noisettes Gady
Foie gras de Strasbourg
Salade de saison
Soufflé aux mandarines
Friandises
Tous les fruits

VINS

Juliénas
Clos Vougeot 1911
Saint-Marceau

CAFÉ

Chocolats de la marquise de Sévigné

DINER

DES « BELLES PERDRIX »

Au Grand-Veneur, rue Demours

Le 23 avril 1929

Crème Bagration
Sole Gaston
Chapon Grand-Veneur
Petits pois à la française
Cœurs de laitue
Coupe Belles Perdrix
Corbeille de fruits

VINS

Biche blanche
Nuits-Saint-Georges 1917
Mumm Cordon rouge 1898

CAFÉ, LIQUEURS

DINER

DES « BELLES PERDRIX »

DIT DINER DES « PERDREAUX »

Au Bohy-Lafayette, Square Montholon

Le 28 mai 1929

Crème de laitue
Filets de sole Lafayette
Le jambon de Prague sous pâte sauce Madère
Épinards à la crème
Chaud-froid de volaille
Salade Mimosa
Bombe glacée Belles Perdrix
Feuilletés
Corbeilles de fruits

VINS

Riesling Clos des Trois-Châteaux 1923
La flora Blanche (sauternes)
Château Kirwan
Pomerol 1919
Chambertin Latricière 1921
Heidsieck e Dry Monopole brut en Magnums

CAFÉ, LIQUEURS

DÉJEUNER

DES « BELLES PERDRIX »

Au restaurant Poccardi, rue Favart

6 *novembre* 1929

Hors-d'œuvre variés
Ravioli Poccardi
Côte de veau Milanaise
Cardons sauce blanche
Casate sicilienne
Gaufrette Belles Perdrix
Corbeille de fruits

VINS

Piémont blanc
Capponi rouge
Nébiolo
Asti Poccardi

DINER

DES « BELLES PERDRIX »

A l'Auberge des Cordeliers,

rue de l'École-de-Médecine

Le 28 novembre 1929

*Diner où fût décerné le prix littéraire
de* 10.000 *fr. accordé à André Chamson*

Le consommé au fumet de céleri
Le saucisson chaud du Plateau central
La gratinée de moules
La fricassée de Poularde comme sur le Larzac
Les champignons farcis
La glace des Muses
La brioche des Cordeliers
Les fromages assortis
La corbeille de fruits

VINS

Pouilly
Juliénas
Champagne
Café Corcelet

LE DINER MONDAIN ANNUEL
DES « BELLES PERDRIX »

CHEZ LEUR MARRAINE

Le 14 janvier 1930

Porto glacé
Le potage Bonne-Dame
Le turbot à la Dugléré
Le Bas Rond d'agneau aux primeurs
Le parfait de foie gras
Sa salade tricolore
Le savarin surprise
La corbeille des fruits de saison

VINS

Château Beychevelle 1890
Chambertin 1914
Roederer en magnums 1915

CAFÉ, LIQUEURS

DINER MONDAIN

DES « BELLES PERDRIX »

AVEC LES PERDRILETTES

AU RESTAURANT DU BŒUF A LA MODE, rue de Valois

Le 3 février 1930

Crème de volaille
Filet de sole normande
Médaillons de riz de veau Loisel
Caneton à la rouennaise
Pommes Chips
Salade
Omelette Robert le Diable
Fruits

CAFÉ, LIQUEURS

VINS

Vouvray-Margaux 1918
Santenay
Pommery demi-sec et brut

DINER

DES « BELLES PERDRIX »

RESTAURANT DES GASTRONOMES

rue de Port-Mahon

Le 8 mars 1930

Crème de volaille pointes d'asperges
Filets de sole Maison
Rognons de veau gastronome
Pommes Chips
Salade
Délices Belles Perdrix
Fromages
Fruits

CAFÉ, LIQUEURS

VINS

Pouilly Fuissé 1921
Juliénas
Chambertin
Champagne

DINER

DES « BELLES PERDRIX »

Auberge du Père Louis, rue de Ponthieu

Le 6 mai 1930

Consommé printanier. Velouté princesse
Filet de soles Belles Perdrix
Le poulet du Père Louis
Cœurs de laitues des gourmets
Asperges vertes sauce divine
Rochers aux fraises

CAFÉ, LIQUEURS

VINS

Mâcon Tête
La bouteille du Père Louis
Champagne Geulet brut

TABLE ALPHABÉTIQUE
DES RECETTES

TABLE DES MATIÈRES

ACHEVÉ D'IMPRIMER
SUR LES PRESSES
DE L'IMPRIMERIE
PAUL DUPONT (CL.)
PARIS, JUIN 1930